AF458881

LA POLITIQUE A MONACO

1911

Le rapide où j'avais pris place à Paris, cette veille de Noël, n'était pas encore à Fontainebleau que j'avais recueilli, sur le but de mon voyage, deux renseignements d'une précision également péremptoire.

— Monte-Carlo ? m'avait dit mon voisin de droite. Beaucoup de monde !...

— Monte-Carlo ? avait corrigé mon voisin de gauche. Pas un chat !...

Evidemment, mes deux compagnons de route puisaient leurs informations à des sources légèrement contradictoires.

De quel côté était la vérité ? J'imaginai que, selon son habitude, elle se tenait à égale distance des deux extrêmes. J'étais à peine arrivé à destination depuis une heure qu'un troisième témoignage me confirmait dans cette opinion.

— Avez-vous du monde, cette année ? demandai-je au secrétaire de l'hôtel où, selon ma coutume, j'étais descendu.

— Mon Dieu, me répondit ce fonctionnaire d'un ton évasif et hésitant, cela dépend du point de vue auquel on se place. Pour une année où il n'y a pas de monde, il y a du monde. Mais pour une année où il y a du monde, il n'y a pas de monde.

— Vous êtes Normand ?

— De Rouen.

— Alors, vous devez avoir l'âme cornélienne, c'est-à-dire supérieure aux caprices du destin et capable de les dominer en les jugeant avec franchise. Une saison ne peut pas être à la fois bonne et mauvaise. Elle ne peut être que bonne ou mauvaise. Comment faut-il qualifier celle-ci ?

L'arrivée du directeur sauva mon interlocuteur de l'embarras où s'effarait visiblement son âme indécise et subalterne.

Le maître de céans est un de ces hommes comme l'industrie hôtelière en produit depuis quelques années. D'esprit ouvert, d'expérience mûre et avisée, habitué à soupeser au premier coup d'œil la valeur intellectuelle ou sociale des personnes de toutes classes et de tous pays qui composent sa clientèle, il a, par surcroît, cette aisance de tenue qui constitue une allure et presque une distinction. A côté de nombre de ses confrères, restés des manières d'aubergistes, il fait figure de gentleman. Il veut bien m'honorer de son estime.

— Monsieur veut-il prendre la peine d'entrer? me dit-il avec son plus obligeant sourire, en me désignant la porte grande ouverte de son bureau.

Quand nous fûmes assis en face l'un de l'autre, dans l'intimité d'un tête-à-tête où il se sentait en confiance, le directeur me dit :

— Vous êtes un vieux client. Je vous parlerai en toute franchise. Ça ne va pas !

Il y eut un silence. J'attendais la confidence qui visiblement allait venir.

— Pourquoi ne pas vous dire la vérité? J'estime que, pour guérir un mal, la première condition est de le mettre à nu. Les plaies cachées s'enveniment et s'aggravent. C'est ce que dans tous les métiers, dans le nôtre notamment, on ne veut pas comprendre. On s'imagine que, pour faire aller le commerce, il suffit de se frotter les mains et d'avoir le sourire. Il n'y a pas de sourire qui tienne. Si, sur trois cents chambres, vous en avez cent cinquante qui chôment, avec quoi payerez-vous votre loyer, votre personnel et vos fournisseurs?

— La cause du mal?

— Il y en a plusieurs. La plus essentielle, la plus profonde, c'est ce que j'appelle l'étranglement de la saison. Autrefois, la saison, sur la Côte d'Azur, c'était cinq et même six mois. Aujourd'hui, c'est à peine si l'on en peut compter la moitié. Pourquoi? La question est complexe. Elle vaut une étude à part. Quand vous voudrez, je vous en fournirai les éléments. Mais nous avons le temps de l'aborder. Pour l'instant, il y a une dernière cause qui domine et prime toutes les autres. C'est elle qui menace de compromettre non pas seulement la saison actuelle, mais les suivantes. C'est elle qui réclame l'intervention d'un remède énergique et efficace.

— Et elle s'appelle ?

— La politique.

— La politique ?

— Parfaitement.

— Quelle politique ?

— La politique monégasque. Vous n'avez donc pas lu les journaux ?

— Si. Mais, sauf trois ou quatre ou petites notes...

— Oui, les informations des agences. Mais il y en a eu d'autres, qui, je le vois, vous ont échappé... Sans quoi, vous sauriez qu'il y a ici une situation politique des plus tendues, et qu'il y a trois mois à peine nous fûmes à deux doigts d'une révolution.

— Une révolution à Monaco ?

— Mon Dieu oui, pas plus, mais tout autant. Et une révolution avec Marseillaise, Internationale et Carmagnole, et, par dessus le marché, dans les poches, des revolvers qui ne demandaient qu'à partir.

— Et pourquoi, grand Dieu ?

— Ah, pourquoi? Pour des raisons pas très faciles à comprendre, même pour les emballés qui se laissent griser par elles. Il paraît que les Monégasques ne peuvent pas vivre dans l'état où ils sont. Ils en ont assez de gémir sous le joug d'un odieux esclavage. Ils tendent vers le ciel leurs bras chargés de chaînes et jurent qu'ils n'auront point un instant de repos tant qu'ils ne seront pas libérés...

— Juste le contraire des grenouilles qui demandent un roi !

— Vous l'avez dit.

— Voilà pour moi d'étranges nouvelles ! Moi qui m'imaginais que le peuple monégasque était le peuple le plus heureux de la terre...

— Et vous n'étiez pas le seul. Dans tous les pays du monde, cette légende est établie. Pas de charges, pas d'impôts, pas de service militaire, la vie agréable et aisée sous un climat délicieux, une prospérité financière dont aucun autre point du globe n'offre l'exemple, si bien que, de tous les pays, industriels et commerçants affluent sur un territoire où la fortune, pour tous ceux qui l'y venaient chercher, était jusqu'ici aussi rapide que certaine. Eh bien, monsieur, tout cela, paraît-il, n'était que surface mensongère et apparence trompeuse. Les Monégasques sont des gens malheureux, très malheureux, à ce point que continuer à vivre comme ils ont vécu leur est impossible.

— Que leur manque-t-il donc?

— Une bonne constitution.

— Ils sont pourtant d'apparence assez robuste. Les Monégasques passent même pour des gaillards solidement râblés.

— Vous ne m'entendez pas. Je vous parle d'une constitution politique.

— Ah, ah !...

— Ce qui manque aux Monégasques, paraît-il, c'est un papier sur lequel on voit des alinéas précédés de chiffres romains, et dans lequel on lui dit, sous vingt formes différentes : « Tu es ton maître ! » Après quoi, on l'incite à confier à quelques douzaines ou quelques centaines d'individus le soin exclusif de le mécaniser, de le tyranniser, de réglementer ses moindres aspirations, de tarifer ses moindres mouvements et d'entretenir à ses frais une innombrable armée de fonctionnaires parfaitement résolus à ne justifier par aucun travail les appointements qui leur sont servis chaque mois et les retraites qui succèdent à ces traitements, le jour où on estime qu'ils doivent être fatigués de ne rien faire...

— Comme chez nous, alors?

— Comme chez nous, vous pouvez le dire, car, vous ne l'ignorez pas, j'ai moi aussi l'honneur d'être Français, un des 7.500 Français environ installés dans la Principauté.

— Tant que cela? Nous tenons la corde, alors?

— Peut-être pas, comme nombre d'habitants du moins, car les Italiens doivent être cinq ou six cents de plus que nous. Mais comme richesse, c'est nous qui, de beaucoup, tenons la tête. 115 millions pour l'élément français, dit la dernière statistique, contre 15 millions aux Italiens. Pour achever le tableau, ajoutez que les autres étrangers, tous réunis, sont à peine deux mille.

— Et les Monégasques ?

— A peine 1500. Et encore en comptant les naturalisés.

— Vous me paraissez très exactement documenté ?

— Je n'y ai pas grand mérite. Ces chiffres courent ici, je ne dis pas les rues, mais les bureaux un peu renseignés. Ils résultent de l'enquête faite pour préparer le travail qui s'achève en ce moment à Paris.

— Quel travail ?

— Le projet de Constitution élaboré par trois éminents jurisconsultes français ?

— Qui sont ?...

A ce moment, sur trois coups discrètement frappés, la porte s'ouvrit et le secrétaire parut, tendant un papier simplement fermé que le directeur prit et déplia.

— Voulez-vous me faire la grâce de m'excuser ? dit-il. Un de nos plus gros clients qui nous arrive ! Ils sont assez rares jusqu'ici pour que j'aie moins que jamais le droit de les négliger.

— Peu de monde, alors, décidément ?

— Au Casino, paraît-il, on ne s'en aperçoit pas. Les joueurs semblent être aussi nombreux que d'habitude. Mais les hôtels, en terre monégasque du moins, comme celui-ci, se plaignent d'une forte diminution. Il semble que les étrangers y sentent cette année leur sécurité amoindrie.

— D'après ce que vous me dites, il y aurait de quoi.

— Ces détails de la vie locale vous intéressent ?

— Certes. Mon métier de journaliste n'est-il pas de m'informer, afin de pouvoir à mon tour informer le public ?

— A votre disposition, alors, si je puis vous y aider.

— Merci !

L'instant d'après, j'étais dehors, par un soleil radieux. Autour de moi, la clémence de l'atmosphère où, sur l'harmonieuse géométrie des plates-bandes, traînait le docile parfum des fleurs disciplinées, semblait proscrire toute idée de trouble ou de danger.

Le trouble et le danger existaient-ils réellement ? Et jusqu'à quel point ?

Qui donc, sur ce sujet d'une actualité brûlante, pourrait me renseigner, exactement ?...

II

Je me posais cette question, lorsqu'au détour d'une allée une silhouette connue me fournit la réponse souhaitée.

— Saint-Gratien ? m'écriai-je.

C'était bien lui.

A l'appel de son nom, il s'était retourné.

— Vous ici ? fit-il en me reconnaissant.

— Moi-même. Cela vous étonne ?

— Pourquoi m'en étonnerais-je ? N'êtes-vous pas un des hôtes familiers de la Côte d'Azur ?

— Familiarité relative, puisque, depuis une heure, je m'aperçois que j'ignore tout de ce qui se passe dans ce pays.

— Vous voulez parler ?...

— Des événements politiques.

— Ah oui ! La tempête dans un verre d'eau...

— La niez-vous donc ?

— Nullement, puisque je la constate, en la ramenant à ses proportions vraies.

— Alors, selon vous ?...

— Selon moi, il n'y a pas lieu de s'émouvoir d'une série d'incidents qui se résoudront d'eux-mêmes dans le plus pacifique des arrangements.

— Vous croyez ?

— J'en suis sûr. Quand des intérêts foncièrement solidaires se trouvent en présence, leur antagonisme momentané ne peut résulter que de malentendus provisoires. Au moindre examen sincère de part et d'autre, les malentendus se dissipent et l'antagonisme disparaît.

Saint-Gratien est un vieux philosophe. Il a vu beaucoup d'hommes et d'événements, et vécu lui-même un peu d'histoire. Sur ce point de la Côte où il a pris depuis quelque quinze ans une sorte de retraite, il connaît tout, sait le fort et le faible de chaque chose et de chacun. C'est, de Cannes à Vintimille, à la fois le Bottin et la Chronique de la Côte d'Azur.

Comme je hochais la tête :

— Voyons, reprit-il, raisonnons un peu. D'où vient tout le bruit qu'on mène ici depuis quelques mois, comme si on se trouvait en présence d'un fait nouveau, brusquement dévoilé et et dont la subite révélation justifierait un véritable scandale? Simplement d'un état de choses archiconnu, catalogué un peu, si vous voulez, comme une anomalie, mais comme une de ces exceptions dont plus d'un pays pourrait justement s'estimer heureux de faire sa propre règle : une poignée d'hommes enclavée dans le territoire d'une République et gouvernée par un prince nanti de tous les privilèges, matériels autant que moraux, traditionnellement attachés à ce titre. Entendez par là que ce prince est, dès l'origine, le propriétaire de l'Etat constitué par ses ancêtres, et que ceux-ci lui ont légué comme un bien de famille. Depuis que le monde est monde, il n'y a que deux façons de s'approprier un territoire : Le conquérir ou l'acheter. Les ancêtres du Prince actuel n'ont pas fait autre chose. A l'époque où le sol se partageait à coups d'épée, ils ont, comme les autres, payé leur part avec leur sang. Le reste, ils l'achetèrent à beaux deniers comptants. Mais, sang ou or, de tout temps ils payèrent en monnaie bonne et valable. Ils furent donc, et leurs successeurs après eux, tenus pour légitimes propriétaires. C'est un titre qu'on ne peut pas leur contester plus qu'à vous, si vous possédez une maison, ou à moi, si je possède un champ.

— A moins d'être collectiviste...

— Nous n'en sommes pas encore là. Et les adversaires actuels du Prince sont, dans la proportion de neuf sur dix, des propriétaires convaincus, qui crieraient comme des putois si vous émettiez la pensée de leur prendre une parcelle de leur patrimoine.

— Mais ces adversaires, qui sont-ils, enfin ?

— Ils sont de deux sortes. Il y a les chefs et la troupe.

— J'imagine qu'ici, comme partout, il n'y a que les chefs qui comptent, puisque c'est sur leur ordre que la troupe marche.

— C'est exact.

— Alors, les chefs ?

— Les chefs sont une douzaine, dont sept constituent, à l'heure où nous parlons, une sorte de Gouvernement provisoire.

— Et que veulent-ils ?

Saint-Gratien me regarda.

— Vous pouvez aller le leur demander, fit-il avec un sourire chargé d'ironie. Vous êtes sûr qu'ils ne vous le diront pas.

— Qui donc me le dira ?

— Moi.

Nous étions au sommet du boulingrin, dont la pente fleurie dévalait doucement vers le perron du Casino. Saint-Gratien me désigna du doigt la façade blanche.

— Vous voyez cette bâtisse ? me dit-il. Et bien, c'est là qu'est la clef de tout.

— Comment cela ?

— Parfaitement. Supposez que cette maison n'existe pas. Supposez que les rochers de Monaco et de Monte-Carlo soient ce que la nature les avait destinés à être : de simples perchoirs à villas comme le Cap Martin, le Cap Ferrat ou le Cap-d'Ail, habités par quelques douzaines d'indigènes faméliques en quête d'un acquéreur épris d'horizon libre et de soleil, vous pouvez être certain que nulle compétition ne disputerait aux mains du Prince les rênes du gouvernement monégasque. On le laisserait se débrouiller tout seul, boucler comme il pourrait le maigre budget nécessaire à l'entretien de la voirie et aux services publics indispensables. Et, s'il s'avisait de demander le concours de la population, celle-ci retournerait ses poches vides en lui disant : « Vous aider, nous ? Et avec quoi ? C'est vous notre prince. Noblesse oblige. Payez pour nous ! ». Et ce discours semblerait naturel à tout le monde, à commencer par les meneurs du mouvement actuel, qui n'auraient du reste même pas pris la peine de le tenir, car ils auraient laissé à d'autres le soin de briguer des honneurs fâcheusement platoniques et un mandat déplorablement gratuit. Seulement, il y a ça !...

Et le geste de Saint-Gratien continuait à montrer la façade pétrie par ce maître pâtissier qui s'appelait Charles Garnier.

— Et ça, poursuivit-il, on conçoit que ce soit un sujet d'envie. Depuis trente ans, en chiffres ronds, une affaire a prospéré là, dans des conditions dont nul autre succès ne peut fournir l'exemple. Elle rapporte par an des millions dont, bien entendu, ses actionnaires bénéficient, mais dont une partie rentre dans la caisse de l'Etat sans lequel elle n'existerait pas, ce qui est assez légitime, semble-t-il. Or, il se trouve que, par suite de circonstances toutes naturelles, sans qu'il ait eu, pour cela, besoin de forcer aucune volonté ni de violenter aucun droit, le prince de Monaco a pu jusqu'ici et peut encore s'appliquer la fameuse formule : « L'Etat c'est moi ». A qui la faute ? Et de qui dépend-il, encore une fois, que l'histoire ne soit pas l'histoire, et que le présent ne sorte pas du passé comme un fruit sort de la racine de l'arbre qui le nourrit ? Peut-on faire qu' Albert Ier ne soit pas prince de Monaco, et que le domaine territorial que lui ont légué ses ancêtres ne lui appartienne pas en propre et à lui seul ? Charbonnier, dit un vieux proverbe, est maître chez lui. Depuis quand et pourquoi un prince, uniquement parce qu'il est prince, serait-il moins maître chez lui qu'un charbonnier ?

— C'est la logique pure. Seulement, ne vous êtes-vous jamais aperçu que la logique et la politique font deux ?

— C'est bien là ce qui finit par exaspérer l'esprit le plus débonnaire ! Voyons, mon cher, vous me connaissez depuis vingt ans. Vous savez que je suis un vieux républicain, meilleur teint que le tas d'arrivistes roublards qui encombre les antichambres ministérielles. J'ai servi loyalement le régime et j'ai pris ma retraite, de moi-même, sans lui rien demander. D'où la liberté que je garde de dire en tout et sur tout ce qui me plaît, sans autre souci que celui de respecter ce qui me semble être la vérité. Or, le contre-pied de la vérité, n'est-ce pas ici cette stupide manie de quelques sectaires de tout jauger à leur aune et de tenir pour inadmissible, mieux encore pour inexistant, tout ce qui ne se rattache pas, par un lien bien apparent, à la pure tradition révolutionnaire ? Du plus grand au plus petit, ce principe contient le germe des pires sottises. Appliqué à l'Empire des Tzars, sous prétexte qu'il n'y a pas d'accord possible entre une démocratie et une autocratie, c'est la suppresion de l'alliance russe. Appliqué à la Principauté de Monaco, ce serait l'abolition des privilèges princiers, sous prétexte de supprimer l'anachronisme d'une telle enclave dans le territoire d'une république. Heureusement, les républiques elles-mêmes sont tenues d'avoir leurs traditions. Et, au contraire de ce que croient les meneurs de leurs groupes avancés, c'est par le respect de ces traditions qu'elles peuvent faire figure dans le monde. Tout député français qui en doute n'a, en sortant du Palais-Bourbon, qu'à tourner à gauche et à faire cent pas pour aller prendre, dans le plus humble bureau des Affaires étrangères, une leçon de politique extérieure.

— Le cas de la Principauté de Monaco y est prévu ?

— Parbleu ! Et de la seule façon dont il puisse l'être, c'est-à-dire par la reconnaissance et le maintien des droits acquis. Tant que le prince de Monaco n'aura pas déclaré à la face du monde : « J'entends ne plus être ce que je suis », il continuera à être tenu pour ce qu'il est par toutes les puissances, y compris la République française, qui est la première à s'honorer, en respectant ainsi le droit en lui-même et pour lui-même, le droit sans l'appui de la force, ce qu'on appelle le droit pur et ce que, d'un mot plus familier, j'appellerai le droit tout nu.

— Mais interrogeai-je, croyez-vous qu'en France, pour ne parler que de nous, cette opinion ait quelque chance d'être unanime ?

Saint-gratien avait tiré sa montre.

— Savez-vous, mon cher, quelle doit être en ce moment l'opinion de tous les citoyens français et mêmes monégasques, surtout quand ils sont comme moi pourvus d'une ménagère implacable comme un chronomètre ?...

— Non.

— Eh bien, c'est qu'on déjeune à midi, qu'il est midi cinq, et que je ne serai pas chez moi avant midi quinze. Vous êtes cause que je vais prendre un de ces apéritifs qui ne figurent sur les tables d'aucun café ni d'aucun bar !

— A quand ? demandai-je en lui serrant la main.

— A demain... Après déjeuner, par exemple !

— Soit ! A deux heures. Où cela ?

— Au promontoire.

— Entendu !

— Au promontoire ?. . .

Je sais, de vieille date, ce que Saint-Gratien entend par ce mot. C'est cette pointe arrondie du Café de Paris qui s'avance sur la place du Casino de Monte-Carlo à la façon du cap Martin sur la mer, et devant laquelle, au dire de cet observateur sagace, l'univers entier — (entendez par là le Tout-Globe, comme on dit le Tout-Paris) — défile nécessairement d'un bout de l'année à l'autre. Poste cinématographique incomparable dont, dans tous les pays, toutes les classes sociales préparent patiemment ou fiévreusement les films, et qu'un invisible opérateur alimente du matin au soir des types les plus variés, les plus bigarrés, les plus curieusement disparates ou complexes, rassemblant ainsi, pour la distraction de l'oisif ou l'étude du psychologue, tous les échantillons possibles de l'humanité.

C'est là que le lendemain, à l'heure dite, je l'attendais avec un scrupule dont son sourire me remerciait d'avance, tandis qu'il me tendait la main.

— A la bonne heure, vous êtes exact, vous ! C'est d'autant plus opportun que je pars tout à l'heure pour Nice. Nous avons une demi-heure devant nous. C'est plus qu'il ne m'en faut pour compléter notre conversation d'hier. Que voulez-vous savoir ?

— Ce qui se passe ici.

— Je vous l'ai résumé d'un mot. C'est, une fois de plus, l'application de la vieille formule : « Ote-toi de là que je m'y mette ».

— Qui parle ainsi ?

— La population monégasque, ou plutôt le petit groupe de meneurs qui s'est arrogé le droit de parler en son nom.

— Mais pour quelles raisons ?

— Vous voulez dire sous quel prétexte ?. . . Sous le prétexte que la Principauté de Monaco est le plus misérable pays du monde et qu'elle en a assez de vivre dans un pareil dénument.

— Allons donc ! Comme si chacun ne savait pas qu'il est

impossible de trouver ailleurs une ville plus soignée, plus coquette, plus surveillée au point de vue de l'hygiène et de la salubrité, et dont les habitants bénéficient de privilèges inconnus ailleurs, puisque, sans avoir à supporter aucune charge, ils n'ont qu'à se laisser vivre, et à utiliser pour cela les ressources que la plus riche clientèle du monde vient tous les ans mettre complaisamment à leur disposition !...

— Eh bien, ça ne leur suffit pas. La preuve, c'est l'ensemble touchant avec lequel, un beau matin, quelques Monégasques de marque se sont réveillés avec des âmes militantes d'hygiénistes intraitables et de philanthropes intransigeants. Et c'est d'eux que la population indigène, tout d'abord un peu surprise, a appris que la légendaire propreté de ses rues n'était qu'un mirage, que les microbes du monde entier avaient élu son pays comme lieu de rendez-vous, et que, dans ce milieu infesté, elle traînait une existence lamentable et humiliée entre le bureau de bienfaisance et l'hôpital.

— On dit généralement que les meilleures plaisanteries sont les plus courtes...

— Celle-ci dure depuis trois ans. Oui, voilà trois ans environ que le groupe de patriotes surchauffés dont je vous ai parlé s'acharne à faire, de gré ou de force, le bonheur de ses concitoyens. La campagne, d'ailleurs, a été assez habilement menée. On s'est groupé sous les prétextes les plus anodins et les plus mielleusement rassurants. Ce furent successivement des Comités de fêtes et d'initiative, uniquement constitués pour mettre en valeur les charmes de la Principauté, veiller à sa toilette et soigner sa parure. Puis, peu à peu, les secrètes ambitions crevèrent le masque. Les revendications politiques se formulèrent. L'institut de Beauté tournait à l'officine démagogique. Entre deux mâts de cocagne, on plantait un arbre de la liberté...

— Quelle liberté ?

— Liberté de réunion, liberté de la presse... Vous pensez bien que, sur ce chapitre là, ça ne pouvait qu'aller tout seul. Le Prince est un esprit trop libéral et trop juste pour ne pas trouver naturel qu'au vingtième siècle des « sujets » éprouvent le besoin de devenir des « citoyens ». De lui-même, avec un empressement qui n'était que l'élan spontané d'une instinctive bienveillance, il donna la liberté de réunion, il donna la liberté de la presse. Que lui demandait-on encore ? L'application du principe électif au recrutement du Conseil communal ? Le Conseil communal ayant pour fonction de traduire les vœux de la population, quoi de plus naturel que cette population choisît elle-même ses représentants, jusqu'alors nommés par le Prince ? Accordé encore, accordé toujours ! Et le Prince, satisfait des satisfactions qu'il pense avoir données, heureux du bonheur qu'il espère avoir semé autour de lui, continue à s'absorber dans les travaux scientifiques qui lui valent une place incontestée dans la pléïade des bienfaiteurs de l'humanité, laissant à ses représentants officiels dans la Principauté le soin de mettre au point les concessions dont il s'est borné à leur indiquer l'esprit. Ces représentants eurent-ils tous au même degré le tact, l'esprit de conciliation, la souplesse nécessaires pour entretenir des rapports suivis avec une population grisée par ses récents succès et avec les habiles meneurs attentifs à exploiter cette griserie ? C'est ce dont je ne saurais répondre... Toujours est-il qu'un beau matin — c'était en octobre dernier — une série d'événements peu ordinaires vint troubler les pacifiques habitudes de la Principauté. Elu pour la première fois, au mois de juin, par le suffrage universel, le Conseil communal nomme une délégation chargée d'aller à Paris exposer directement au Prince des vœux auxquels ses fonctionnaires tardaient trop à donner satisfaction. Formalisés de ne pas être reçus par leur Souverain au jour et à l'heure choisis par eux, les délégués marquèrent leur mécontentement en déclinant le rendez-vous auquel le Prince les convoquait à son tour à Lucerne. Rentrée tapageuse à Monaco, discussions orageuses au Conseil communal dont la population force les portes, manifestations bruyantes dans les rues, cris et chants séditieux sous les fenêtres du Gouverneur, envahissement du palais du Prince, ainsi se déroula, pendant quelques jours étrangement troublés, une suite d'incidents d'allure révolutionnaire, heureusement clos par la sage modération du Prince et de son entourage. Les fonctionnaires impopulaires se retirent ; le Prince héréditaire, dont certains

Machiavels trop pressés avaient sournoisement escompté les velléités ambitieuses, déjoue ces honnêtes calculs par une attitude du loyalisme le plus filial et le plus correct ; le Prince régnant déclare son intention formelle de mettre fin aux ambiguïtés et aux malentendus d'une situation mal définie en accordant à ses sujets une Constitution. Il devenait difficile de suspecter les intentions d'un Souverain qui offrait de lui-même plus qu'on ne lui demandait. Le Conseil communal nomme une commission de sept membres chargée de suivre les incidents et les négociations auxquelles l'élaboration de cette Charte pourra donner lieu. C'est donc une ère d'apaisement et de conciliation qui semble s'être ouverte. Mais ces périodes d'accalmie ne font pas l'affaire de tout le monde. Ici, comme partout, il y a les pêcheurs en eau trouble qui s'évertuent à créer les malentendus favorables au succès de leurs intrigues. Ce sont eux qui s'appliquent à entretenir les griefs des Monégasques en leur dénonçant le prétendu favoritisme dont ils seraient victimes de la part de ce qu'ils appellent les deux pouvoirs de la principauté : le Prince et la Société des Bains de mer. Au Palais comme au Casino, prétendent-ils, les Monégasques seraient systématiquement sacrifiés et exclus des emplois rémunérateurs réservés par contre aux étrangers, spécialement aux Français et aux Belges. Ces arguments terre-à-terre sont excellents pour entretenir dans la classe populaire l'irritation qu'on se réserve d'exploiter, les jours où il faut exercer une pression sur l'opinion ou le pouvoir. Pendant ce temps, la Constitution spontanément promise par le Prince à son peuple s'élabore à Paris. Pour lui assurer les garanties de tout ordre qu'exige un document de cette importance, le Prince a prié le Gouvernement français d'en confier la rédaction à deux jurisconsultes de son choix. Le Gouvernement français a désigné MM. Renault et Weiss, dont la compétence est universellement connue, et auxquels, sur la prière directe du Prince, s'est adjoint M. Jules Roche, ancien ministre et député. Ces messieurs, à Paris, travaillent depuis environ six semaines. Nous sommes à fin décembre. Les Monégasques espéraient avoir leur Constitution dans leur soulier de Noël. L'auront-ils dans leur bonbonnière du Jour de l'An? Ce sera bien juste. En tout cas, ils ne l'attendront plus longtemps... Voilà où en sont les choses. Puisque vous semblez vouloir être exactement renseigné, j'ai pensé à vous apporter quelques journaux que j'avais mis de côté et que j'ai retrouvés ce matin sur mon bureau. Car la presse régionale s'est occupée de cette affaire, dont il lui était, à vrai dire, difficile de ne point parler. De Cannes à Menton, les intérêts de toutes les localités du littoral sont éminemment solidaires les uns des autres.

Saint-Gratien tira de son pardessus un paquet de journaux et, le posant sur la table :

— Vous trouverez là-dedans, fit-il, quelques indications utiles, qui vous aideront à voir clair dans la situation. Mais, en fait de clarté, la meilleure est celle que je vous fournis d'un mot en vous répétant ce que je vous disais hier, et en vous disant : « La clef de la question est là ! »

Le doigt de Saint-Gratien me montrait, à vingt mètres de nous, le Casino devant lequel une file d'automobiles déversait à ce moment un flot de visiteurs.

Et se penchant à mon oreille comme pour une confidence :

— Ce n'est plus une question de principes, c'est une question de gros sous !

IV

Quand Saint-Gratien m'eut quitté sur ce mot, je regardai successivement ma montre et le ciel. Ma montre disait trois heures. Le ciel disait qu'il allait faire froid. Entre la chaleur problématique d'un soleil expirant et celle, plus certaine, d'une chambre close, je n'hésitai pas. Un quart d'heure plus tard, j'étais chez moi, assis au coin d'un bon feu et feuilletant les journaux que Saint-Gratien m'avait remis.

La grande ville qu'on peut appeler la capitale du Sud-Est possède une presse nombreuse et variée. Pendant la saison, notamment, elle est envahie par un flot de publications plus ou moins éphémères. Mais la presse proprement dite, la presse sérieuse y est représentée par deux journaux remarquablement faits, sur lesquels les huit dixièmes de leurs confrères parisiens pourraient prendre modèle, et qui, pour la vie régionale aussi bien que pour la vie générale, offrent à leurs lecteurs l'inestimable avantage d'une documentation aussi complète que consciencieuse. *L'Eclaireur de Nice* et le *Petit Niçois* ne pouvaient laisser passer les événements monégasques sans les signaler avec un scrupule d'exactitude que leur réelle importance justifiait au surplus à leurs yeux. Les traces de l'intérêt qu'ils avaient suscité survivaient dans les clichés photographiques qui en avaient fixé les phases vraiment imprévues. Qui donc, en effet, eût jamais pensé que, dans ces rues et sur ces places si archaïquement paisibles du vieux Monaco, des foules compactes et bruyantes donneraient au touriste déconcerté l'illusion d'une émeute ? Et quel étonnement avait dû en concevoir tout le premier le Prince héréditaire, qu'une large gravure me montrait au seuil du palais ancestral, dont certaines causes d'ordre intime l'avaient tenu quelque temps éloigné, et qu'il ne retrouvait que pour le voir envahi par un flot populaire à peine apaisé par sa présence ? Quelles idées lui suggérerait ce spectacle, et quels espoirs pourraient fonder les fauteurs de discorde sur un dissentiment qui diviserait irrémédiablement le père et le fils ?

Ils n'allaient pas tarder à le savoir. Le quinze novembre, la fête de la Saint-Albert, à laquelle le Prince Louis tint à présider d'un bout à l'autre, lui fournit l'occasion d'affirmer publiquement ses sentiments et vis-à-vis de son père et à l'égard des collaborateurs dont le dévouement méritait une autre récompense que l'espèce de désaveu qu'on semblait attendre de lui.

« En apportant, dit-il, à ce pays le concours de votre intelligence, de votre savoir et de votre expérience, vous êtes devenus, Messieurs, les meilleurs collaborateurs de mon Père dans l'œuvre de progrès et de justice qu'il poursuit sans cesse et qui, comme nous avons eu la joie de le constater cette année encore, dans la grande Exposition de Bruxelles, permet à son pays de figurer dignement à côté des grandes nations. Et, puisque j'évoque ici les brillants succès remportés à Bruxelles par la Principauté, je tiens à féliciter et à remercier moi-même M. Camille Blanc de son inlassable dévouement.

« Quelles que soient les nouvelles institutions que le libéralisme éclairé du Souverain l'amènera à établir, les fonctionnaires qu'il a appelés à Monaco pourront toujours compter sur sa bienveillance et sa protection la plus ferme.

« Les services que vous rendez à la Principauté, Messieurs, vous créent des droits imprescriptibles à sa reconnaissance et, si l'esprit populaire, cédant trop vite à des impulsions irréfléchies, a pu sembler un instant méconnaître ses droits, le Prince Albert tient à ce que la France, votre patrie, sache que, pour sa part, il ne les oubliera jamais. »

Les convives avaient dû être fixés. Je l'étais moi-même au sujet de cette prétendue mésintelligence sur laquelle avaient un peu trop ouvertement compté les adversaires du régime actuel. Mais, ce régime lui-même, par quoi se proposaient-ils de le remplacer ?

Au fond, c'était là la question capitale, celle qui dominait tout, et à laquelle, jusqu'ici, je n'avais pas entendu formuler une réponse précise. Cette réponse, un article de l'*Eclaireur de Nice* allait me la fournir. Un rédacteur de ce journal, au prix sans doute d'une ténacité des plus méritoires, avait trouvé le moyen de se faire définir le but auquel tendait désormais le Conseil du Gouvernement provisoire nommé par le Conseil Communal et composé de sept membres, à savoir : MM. Suffren Reymond, docteur Marsan, F. Médecin, premier, deuxième et troisième adjoints, Théodore Gastaud, Antoine Marsan, Charles de Castro et Michel Fontana, conseillers. Les Monégasques avaient déjà obtenu la liberté de réunion, la liberté de la presse, le régime électif pour leur représentation communale. Que désiraient-ils encore ? Voici les renseignements que, sur ce point capital, notre avisé confrère avait pu recueillir :

Tout d'abord, le Conseil Communal serait dissous. Un Conseil National, composé à peu près du même nombre de membres que le Conseil Communal, remplacerait cette dernière assemblée avec un pouvoir législatif égal à celui de la Chambre des députés française. D'ailleurs, ajoutait-on, la Constitution monégasque s'inspirera, dans ses grandes lignes, des institutions françaises. Le Conseil National jouera en petit le rôle de Parlement, d'un Parlement qui ne s'occupera pas seulement de légiférer, mais aussi de résoudre toutes les questions d'intérêt communal. Quant au projet, dont il fut un instant question, de diviser la Principauté en trois communes dont chacune aurait son maire et son Conseil Municipal, cette idée a été immédiatement repoussée par les membres du Conseil de Gouvernement provisoire, qui connaissaient fort bien le danger qu'il y aurait, à leur point de vue, à sectionner les efforts, alors que, dans un petit pays, pour servir leurs projets, ces efforts doivent être réunis.

Donc, le Conseil National exercera le pouvoir législatif avec le concours des Comités techniques et des Commissions d'études, et principalement d'un Comité de législation dont le fonctionnement serait assez simple. Lui-même se divisera en Commissions spéciales qui auront la charge de préparer et d'étudier avec les services administratifs compétents les questions afférentes aux diverses branches de la vie nationale : Commerce, industrie, hygiène, travaux, instruction publique, voirie, etc...

Tous ces services seront concentrés dans les locaux de l'Hôtel de Ville actuel, qui deviendra le palais du Conseil National.

Le Conseil National se composera, selon toutes probabilités, de vingt-deux membres, comme le Conseil Communal qu'il remplace. Comme la Chambre des députés française, il aura son président, ses vice-présidents, secrétaires et questeurs. Mais il n'y aura pas de Sénat.

Un Conseil de Gouvernement monégasque représentera le pouvoir exécutif avec toutes les conséquences qui découlent du régime constitutionnel, et dont la principale est la responsabilité des membres du Gouvernement devant les représentants du peuple, c'est-à-dire devant le Conseil National.

Le Conseil de Gouvernement se composera de trois ou de cinq membres, mais très vraisemblablement de trois, si aucun changement ne se produit dans les décisions futures à ce sujet. Ce Conseil de Gouvernement sera choisi parmi les membres du Conseil National. Tout comme pour la constitution d'un ministère en France, le Prince régnant chargera un des membres du Conseil National de former le Conseil de Gouvernement. Il convient de dire que des élections auront lieu aussitôt après que la Constitution aura été homologuée et que le Conseil National se composera de membres investis, une nouvelle fois, de la confiance populaire. Lorsque le conseiller désigné par le Prince se sera entouré des collaborateurs de son choix, l'attribution des charges se fera selon une règle à établir. Mais le Conseil de Gouvernement aura surtout pour tâche d'exécuter les lois, d'administrer les finances et de présider à la solution des grandes questions commerciales et industrielles.

Comme conséquence de ces réformes, un certain nombre de fonctions seront supprimées pour faire place à une nouvelle organisation plus conforme aux idées modernes. Le président du Conseil de Gouvernement prendra la direction des affaires du pays. Les deux autres collaborateurs s'occuperont surtout, l'un des finances, et l'autre du commerce, de l'industrie et des travaux publics. Le pouvoir judiciaire resterait tout à fait indépendant, sous réserve de certaines modifications reconnues nécessaires.

Le Prince, en tant que Chef de l'Etat, serait irresponsable. Il aurait la nomination des fonctionnaires sur présentation du Conseil du Gouvernement, la représentation extérieure, la présidence des solennités à l'intérieur. Il jouirait d'une liste civile de douze cent mille francs. Le Prince aurait le droit d'initiative des lois, comme le Gouvernement et le Conseil National. De plus, il aurait le droit de veto. Si une loi, votée par le Conseil National, n'est pas homologuée, la nouvelle Constitution prévoit une solution par voie de referendum. C'est le peuple qui met fin au conflit et se prononce définitivement. Seulement, il faut que la proposition ait réuni les trois quarts des suffrages exprimés.

Telles sont les grandes lignes du projet de Constitution élaboré par les représentants monégasques. Une lacune me saute immédiatement aux yeux. Où sont là-dedans les « gros sous » de Saint-Gratien ? Ce programme est un document purement politique. Politique, par exemple, il l'est en plein. Il l'est même à un point qui finirait, pour sa propre réalisation, par devenir inquiétant. Comment la population monégasque, aux proportions si réduites, suffirait-elle à pourvoir tant de postes administratifs et de fonctions électives ? Et ne risquerait-on pas d'être acculé à ce résultat d'une réalisation légèrement problématique et paradoxale : un peuple comprenant plus de mandataires et de fonctionnaires que d'habitants ?

Pourtant, à travers quelques notes et documents complémentaires, la question d'argent, discrètement, laisse percer sa pointe. Mention est faite, de temps en temps, d'une redevance due à l'Etat monégasque par la Société des Bains de mer de Monaco. Cette redevance se traduit par un double chiffre et sous une double forme : trois pour cent sur la recette brute, devant être affectés aux services de l'édilité et aux travaux publics ; cinq pour cent sur la recette, à partir de vingt millions, destinés aux œuvres de bienfaisance... Mais c'est discret, à peine indiqué, noyé dans le flot des desiderata d'ordre purement politique.

Qu'adviendra-t-il de ces desiderata, et quel sort les jurisconsultes chargés de l'élaboration de la Constitution future feront-ils à ces aspirations quelque peu excessives et absorbantes ? Car, il n'y a guère à se le dissimuler, le programme proposé à l'acceptation du Prince ressemble un peu à celui du légendaire guillotiné par persuasion...

Jusqu'à quel point le Prince semble-t-il devoir se laisser persuader ? Avec une loyauté qu'il est difficile de ne pas reconnaître, il éprouve le besoin de dissiper les illusions que les membres du Gouvernement provisoire pourraient se faire sur ce point. En recevant à Paris la délégation du Conseil Communal de Monaco, il prononce l'allocution suivante, dont la netteté, semble-t-il, était faite pour dissiper d'avance toute espèce de malentendu :

« Quand la population monégasque a paru désirer l'autonomie communale, j'ai d'abord pensé que la réalisation de ce vœu était juste, et je suis entré dans les mêmes vues. Bientôt après, j'ai senti que mes concitoyens devaient apprendre, pour la sécurité de leur avenir, à s'occuper plus intimement des intérêts nationaux et j'ai décidé l'établissement d'un régime constitutionnel.

« Aujourd'hui, je crains que les Monégasques n'aient pas tous compris la portée de l'acte accompli par moi et qui dépasse beaucoup les désirs manifestés par eux. C'est pourquoi, gardant encore l'esprit familial qui a si longtemps présidé aux rapports des Monégasques avec leurs Princes, je vous ai fait venir pour vous exposer moi-même la nouvelle situation.

« J'ai promis un régime constitutionnel sans que la population eût réclamé ni attendu ce changement dans nos institutions. Il m'appartenait dès lors d'en régler les termes. Toutefois, comme j'avais longtemps vécu avec la pensée que, ce pays étant devenu le plus prospère du monde sous son régime actuel, il ferait bien de le garder ; comme, d'autre part, je veux qu'une modification aussi grave dans notre système économique et politique soit mûrement étudiée par des esprits compétents et sûrs, je me suis adressé à des jurisconsultes du pays le plus libéral de l'Europe, à des hommes hautement considérés partout, et je les ai priés d'établir un projet basé sur les conditions spéciales de la Principauté, en se plaçant au-dessus d'agitations qu'ils dominent avec la supériorité de l'expérience et de la sérénité.

« Les Monégasques désignés naguère par les suffrages de leurs concitoyens pour représenter ceux-ci au Conseil municipal exposeront leurs idées devant les jurisconsultes de la France.

« Quant à moi, je ne veux pas intervenir dans une discussion où il me serait peut-être difficile de respecter à la fois la sincérité de ma conscience et la dignité de mon rôle.

« Mais, avant de confier aux élus de la population une part d'autorité, je dois déclarer mon regret de plusieurs faits survenus à Monaco. Je suis profondément peiné de l'attitude hostile tenue par des Monégasques à l'égard de fonctionnaires dont la carrière, toute de probité et d'honneur, très dignement poursuivie en France, se continue chez nous pour le bien de la Principauté, sans que nous possédions, d'ailleurs, les éléments nécessaires pour remplacer ces hommes rompus au travail le plus fécond. Il fallait plutôt savoir gré aux collaborateurs français avec lesquels j'ai placé mon pays au rang des plus avancés dans la civilisation, avec lesquels je lui ai fait rendre les plus hauts témoignages de considération.

« J'ignore ce que sera le régime nouveau qui guidera les intérêts de la Principauté ; mais il faut que le respect absolu de l'autorité soit maintenu pour la garantie de notre existence même ; il faut aussi que nos ressources financières soient gardées, par un contrôle étroit, contre tous les périls qui naîtraient de responsabilités incertaines.

« Dans ces conditions, il est permis d'espérer que les Monégasques se formeront aux principes les plus solides d'un gouvernement libéral. Je les y aiderai de mon mieux, et peut-être qu'ils pourront conjurer un mal qui gagne l'humanité partout où l'excès du bien-être moderne et l'atténuation de la lutte pour l'existence ont faussé son jugement des peines et des satisfactions, partout où le besoin de sensations toujours plus fortes a troublé la notion du devoir, partout où l'anarchie morale domine les natures déséquilibrées.

« L'accomplissement de cette œuvre ajoutera une joie nouvelle aux satisfactions élevées qu'une existence remplie par le travail me donne sans discontinuer ; celle d'avoir rempli ma tâche de Souverain sans aucun reproche de ma conscience ».

C'est sans doute la première fois qu'on peut voir, dans un document politique, la pensée philosophique jouer le rôle déterminant et même prépondérant que le Prince n'a pas craint de lui assigner ici, à la face, non pas seulement de ses sujets, mais du monde. L'historiographe des événements contemporains a trop rarement des occasions de cette sorte pour ne pas saisir celle qui s'offre ici à lui de rendre hommage à une pareille élévation d'idées et de langage.

Les délégués du Conseil Communal monégasque en ont-ils senti tout le prix ? Je n'en voudrais pas jurer, à voir leur façon de s'évertuer au milieu de contingences infiniment plus terre-à-terre et d'une portée, à leurs yeux, autrement intéressante et pratique. Tel, par exemple, leur souci de ne pas laisser s'accréditer la légende que, dans le mouvement actuel, les intérêts français engagés dans la Principauté peuvent être compromis. Il n'y a pas de fumée sans feu, dit le proverbe. Mais quel feu résisterait à la pluie de bonnes paroles dont le document suivant nous donne un échantillon ? C'est une déclaration que les membres du Conseil du Gouvernement provisoire éprouvèrent, au lendemain du banquet de la Saint-Albert, le besoin de communiquer à la presse :

« D'accord avec nos collègues délégués à Paris, nous pensons qu'il convient de faire tout ce qui est en notre pouvoir pour dissiper les malentendus qui pourraient naître du passage du discours du prince Louis dans lequel il est fait allusion aux fonctionnaires monégasques de nationalité française. Nous tenons à affirmer que jamais l'esprit populaire n'a cédé à des impulsions irréfléchies contre certains fonctionnaires en tant que Français. Ce n'est vraiment pas au moment où les délégués des Monégasques, pleins de confiance dans les jurisconsultes français que le Conseil a demandés le 9 novembre et que le Prince a prié le Gouvernement de la République de désigner, sont venus à Paris arrêter avec eux la forme définitive de la Constitution, que l'on peut même laisser suspecter nos sentiments de sympathie et d'amitié pour la France et les Français, dont nous avons toujours admiré les idées libérales, et dont nous serons toujours heureux d'avoir le concours éclairé.

« Nous ne pouvons pas davantage laisser dire que nous serons capables de méconnaître les droits acquis par les Français dans la Principauté en leur qualité de fonctionnaires. Les Monégasques ont d'ailleurs assez souvent manifesté publiquement leurs sentiments de justice envers tous et de respect des droits acquis, pour que personne, sauf ceux qu'un intérêt personnel domine, puisse désormais se méprendre sur la véritable signification de notre déclaration ».

De telles assurances ne sont-elles pas pour satisfaire les plus difficiles ?

Nous voilà donc, nous, Français, en bonne posture pour attendre le résultat des travaux des jurisconsultes parisiens, c'est-à-dire le texte de la Constitution promise.

Combien de temps l'attendrons-nous encore ? Ce n'est plus, dit-on, qu'une affaire d'heures... Pourtant, nous voici le 29 décembre. L'année 1910, décidément, ne nous apportera pas le résultat désiré ! Peut-être est-ce un bon présage et, à cent ans de distance, est-il expédient de gagner quelques jours encore pour que les Monégasques reconnaissants puissent avoir leur « Constitution de 1911 », comme on eut jadis le « Vin de 1811 », la fameuse année de la Comète ?

Attendons !...

V

Décidément, ce vieux philosophe de Saint-Gratien connaît sa Côte d'Azur comme pas un ! Voici qui donne curieusement raison à sa théorie du « promontoire », qui a remplacé le « pont d'Avignon », puisqu'il est bien avéré que tout le monde y passe...

Aujourd'hui, 1er janvier, comme il faisait un peu frisquet, je passais sans m'y arrêter devant l'extrémité arrondie de ce cap formé par la terrasse du Café de Paris, lorsque l'aspect d'un personnage déambulant à quelques mètres devant moi me cloua soudain les pieds au sol. Qui venais-je de reconnaître, dans ce cadre mondain de Monte-Carlo où il est convenu que, seuls, les privilégiés de la naissance et de la fortune viennent promener leur désœuvrement ? Je vous le donne en mille... Sébastien Labarthe en personne !... Oui, le socialiste révolutionnaire fortement teinté d'anarchisme, comme il sied aux chefs d'un parti qui ne peut soutenir son crédit qu'à la condition de battre d'avance le record de toutes les surenchères !...

Sébastien Labarthe est pour moi une connaissance de vieille date. Nous nous sommes coudoyés jadis dans ces salles de rédaction parisiennes où l'éclectisme le plus accommodant rapproche les représentants des doctrines les plus disparates. A cette époque, d'ailleurs, il était loin du point extrême où il est parvenu depuis. A proprement parler, il cherchait sa voie. Le jour où il pensa l'avoir trouvée, il s'y poussa avec cette énergie farouche à laquelle se reconnaissent les futurs conducteurs d'hommes. De fait, il en conduit aujourd'hui quelques milliers en tête du gros de l'armée socialiste, auquel cette avant-garde fraye la route à coups d'arguments tranchants comme des haches.

Pourtant, Sébastien Labarthe n'a rien de l'énergumène que vous pourriez croire. Tout au contraire, son esprit froid, avisé, pondéré, se plaît aux calculs qui, par des procédés en quelque sorte scientifiques, préparent à long terme les plus sûres victoires.

C'est ce qu'on peut appeler à la fois le tacticien et le mathématicien du parti.

J'allai droit à lui.

— Que diable venez-vous faire ici ? lui demandai-je sans autre préambule.

— J'attends mes étrennes, me répondit-il avec le sourire toujours énigmatique et étrangement crispé de sa face glabre.

Sébastien Labarthe avait jadis un penchant à me parler librement. Il me racontait volontiers ses projets, comme pour en faire l'épreuve en les passant au crible d'une opinion hostile à la sienne. Et il ne formalisait pas de l'accueil ironique ou bourru que je leur réservais le plus souvent.

— Quelles étrennes ? fis-je de cet air à la fois sceptique et détaché que je savais être le plus propre à provoquer sa confidence.

— La République Monégasque, répondit-il du tac au tac.

Son regard de côté cherchait l'effet produit. Il n'obtint qu'un haussement d'épaules assez méprisant.

— Vous n'y croyez pas ? fit-il. A votre aise. Moi, je fais comme si j'y croyais. C'est en supposant les problèmes résolus qu'on arrive à les résoudre.

— Et après ? Qu'est-ce que ça pourra bien vous faire que la Principauté de Monaco devienne ou ne devienne pas une république ?

— Question de principe, d'abord. Vous savez le cas que la pure doctrine révolutionnaire fait des princes. En supprimer un, c'est, pour nous, rentrer dans la logique et dans l'ordre. Et puis, il y a une autre raison.

— Laquelle ?

— La question d'argent.

— Je ne comprends pas.

— Vous allez comprendre. Vous voyez ce bâtiment ?

Et le geste de Labarthe me désignait le Casino.

— Comment ferais-je pour ne pas le voir ? Tout le monde me le montre !...

— Savez-vous ce qu'il passe d'argent là-dedans chaque année ?

— Non.

— Des millions. Des cinquante et soixante millions par an... Qu'est-ce que vous dites de ça ?

— Que voulez-vous que j'en dise ? Il en passerait le double et même le triple que je n'aurais pas plus de motifs de m'y intéresser.

— Vous, peut-être. Mais moi, j'en ai un, de motif !

— Lequel ?

— Fournir à notre parti l'argent dont il a besoin pour sa propagande.

— Vous voulez faire du Casino de Monte-Carlo le pourvoyeur de la caisse révolutionnaire ?

— Parfaitement.

— Eh bien, ça ne manque pas d'originalité !

— Je m'en flatte. Et le comble, c'est que, quoi que vous en puissiez penser, ça n'est nullement chimérique. Vous en doutez ?

— Un peu.

— Vous avez tort. Et je vous le prouve sur l'heure. Suivez mon raisonnement. Il est aussi simple que sûr.

— Je vous écoute.

— Dans l'état actuel des choses, bien entendu, rien à faire. Par le principe d'autorité qu'il représente, par ses relations avec les gouvernements étrangers, ses attaches personnelles avec les souverains et les hommes d'Etat des autres pays, le prince de Monaco constitue, pour tout ce qui s'abrite sous sa protection, un rempart intangible. Il est chez lui, maître chez lui, et personne ne peut l'empêcher de faire chez lui ce qu'il veut.

— C'est l'évidence même.

— Supposez au contraire le Prince de Monaco disparaissant, la principauté de Monaco remplacée par une république... Voyez-vous d ici ce que pèseraient dans les conseils de l'Europe les trois quarterons de citoyens quelconques, pharmaciens, marchands de bois, ferblantiers ou fumistes, entre lesquels s'effriteraient les pouvoirs publics ?

— Pour un fils de 93, vous me paraissez traiter les représentants du peuple souverain avec une étrange désinvolture...

— Quand le peuple souverain se chiffre par trente ou quarante millions d'hommes, il est quelque chose. Quand il compte tout de suite une belle pièce de quinze cents individus, il n'est rien. Ici, ce n'est plus le théoricien qui parle ; c'est l'observateur, le notateur de faits humains. La politique pratique ne se fait ni avec de l'idéalisme pur ni avec des phrases. Il y a des moments où il faut voir, non ce qui devrait être, mais ce qui est. Et, de ce qui est, on peut déduire ce qui sera. Supposons donc la principauté de Monaco changée en république. Quelle sera la garantie de la maison que vous voyez là-bas contre les attaques qui ne manqueront pas de l'assaillir ?

— Quelles attaques ?

— Mais celles qu'il dépend de tout homme libre d'organiser contre elle, par esprit de lucre ou par dilettantisme, par conviction désintéressée ou par chantage conscient.

— Permettez. En république ou non, les Monégasques n'en continueront pas moins à être chez eux.

— De même qu'ils continueraient à être chez nous, c'est-à-dire enclavés dans notre territoire, avec des points de contact si nombreux et si étroits que, moralement et géographiquement, ils ne font pour ainsi dire qu'un avec nous. De tels voisinages ne vont pas sans certaines obligations qui peuvent, de part ou d'autre se traduire par certaines exigences. Supposez la France se réveillant un beau matin en se disant qu'elle a pour devoir strict de faire cesser l'anomalie due à ce qu'elle ne craindra pas d'appeler une tolérance conventionnelle, et qu'en droit supérieur, en droit humain, le trente-et-quarante et la roulette n'ont pas plus de raison d'être à Monte-Carlo qu'à Cannes, à Nice ou à Menton. Quelle figure pensez-vous que feraient ce jour-là les libres citoyens de la république monégasque ?

— Ils en appelleraient à la justice des hommes et à l'impartialité des puissances.

— Une conférence d'Algésiras, alors ? Vous voyez ça, vous : une mobilisation de l'Europe pour la protection du rouge et noir et la libre pratique du passe et manque ?...

— Mais qui diable voulez-vous qui s'amuse à attacher un pareil grelot ?

— Il y en a bien d'autres à la marotte parlementaire. Et mes amis, mes excellents amis de l'extrême-gauche sont là pour un coup. Les voyez-vous, pris soudain d'un bel accès de vertu militante et saisissant la Chambre d'un ordre du jour fulminant contre l'immoralité des jeux de hasard ?

— Mais on joue partout, en France même !...

— D'accord. Mais oubliez-vous donc que tout, en France comme ailleurs, n'est que convention, préjugé, paradoxe et fantaisie contradictoire ? Tel membre, non plus de l'extrême-gauche mais de la gauche radicale, voire de la gauche démocratique que dis-je ? tel membre de l'union libérale ou de la droite, qui crierait à la tyrannie si, dans la ville d'eaux où il passe l'été, on empêchait sa femme et sa fille de se faire quotidiennement dépouiller aux petits chevaux, qui descendrait dans la rue si on supprimait à son fils le moyen de se faire dévaliser aux courses, et qui marcherait sur l'Elysée si on lui interdisait à lui-même le moyen de se faire, à son propre cercle, estamper au baccarat, ce même homme-là, je vous le donne à dix contre un emboîtant le pas du « bon bougre » socialiste venant dénoncer à la tribune ce qu'il appellerait emphatiquement les scandales de la roulette.

— Mais nous l'avons, la roulette en France !...

— Où donc ?

— A Saint-Germain, à Chatou, que sais-je encore ?

— Dites que vous l'avez eue, mais vous ne l'avez plus.

— On l'a supprimée ?

— Vous l'ignorez ?

— Je l'avoue.

— Vous êtes bien mal renseigné ! Voilà plus d'un an que la police a jugé intolérable un jeu qu'elle tolérait la veille avec une parfaite sérénité. Et celui-là, pourtant, s'était donné bien du mal pour se faire agréer, le pauvre !

— Oui, je sais. La roulette verticale, n'est-ce pas ?

— Verticale, oui, monsieur, verticale, et avec une flèche remplaçant la boule ! A part cela, identiquement pareille à l'autre : même nombre de numéros, même disposition, mêmes emplacements, mêmes combinaisons de colonnes, de douzaines, de sixains et de transversales. Identiquement pareille à celle de Monte-Carlo, vous dis-je ! Mais verticale au lieu d'être horizontale. Le trait n'était-il pas génial, en vérité, et ne méritait-il pas mieux que le procédé sommaire et brutal d'une police insensible à l'ingéniosité de ces nuances, et traitant cette innocente petite roulette verticale comme sa voisine la police des mœurs a coutume de traiter les « horizontales » ?... Mais cette digression m'entraîne hors de mon sujet.

— Il me semble.

— J'y rentre. Et je vous dis ceci, mon cher : je ne donnerais pas quatre sous d'une institution dont le groupe socialiste aurait décrété la ruine. Pourquoi et comment arriverait-il à ses fins ? Je n'en sais rien. Est-ce au coin d'un amendement ou au détour d'un ordre du jour de confiance qu'aurait lieu l'embuscade ? Les circonstances en décideraient. Notez, au surplus, que je n'ai pas besoin que le danger se réalise. Sa menace me suffit. Elle suffirait aussi au gouvernement de la république monégasque, à qui un négociateur autorisé viendrait dire : « Vous voulez qu'on vous fiche la paix ? C'est entendu. Seulement, c'est tant par an, un million ou deux, par exemple. Arrangez-vous avec la boîte de là-haut pour qu'on vous les fournisse. Si non, gare la bombe !... » Et le gouvernement de la république monégasque marcherait. Et nous assisterions à ce spectacle moralisateur entre tous : l'argent du désœuvrement et du luxe venant servir la cause des miséreux et des déshérités.

Je regardai mon interlocuteur d'un œil aussi surpris qu'amusé.

— Labarthe, lui dis-je, vous êtes un maître tacticien doublé d'un fieffé diplomate : un Napoléon mâtiné de Talleyrand.

— Dites donc, fit le leader révolutionnaire en se rengorgeant malgré lui, quand vous aurez fini de m'insulter !

— Seulement, conclus-je, il n'y a qu'un malheur pour vos calculs : c'est que les Monégasques ne sont pas près d'être en république.

— Qui sait ?... Quand la Constitution doit-elle être promulguée ?

— Dans cinq ou six jours, dit-on.

— Eh bien, je vous donne rendez-vous dans deux semaines. Nous verrons lequel de nous deux aura eu raison !

VI

Qu'est-ce que ce diable de Labarthe peut bien avoir dans sa caboche d'utopiste sectaire ?... Préparerait-il un coup de sa façon ? Et serait-il là pour guetter, tapi dans l'ombre, l'occasion d'utiliser les ferments de sédition qui, nul n'en fait mystère, travaillent les cervaux simplistes de quelques douzaines d'illuminés ? J'essaie de m'en rendre compte. Mais je n'y parviens guère. Pour y réussir, il faudrait tendre à mes interlocuteurs le piège d'interrogations sournoises, descendre à une sorte d'enquête policière qui me déplaît. Je préfère laisser la parole aux événements et, pour suivre le sens de leurs discours, les noter au fur et à mesure qu'ils se produisent.

D'abord, quatre délégués du Gouvernement provisoire, MM. Reymond, Antoine Marsan, Gastaud et de Castro, sont en route pour Paris où ils ont rendez-vous, le 4 janvier, au ministère des Affaires étrangères, pour recevoir communication du texte de la Constitution élaborée par les trois jurisconsultes français. Communication ? Avec ou sans discussion possible ? La question a été posée, tournée et retournée, avec des velléités de refus préalable au cas où la réponse ne serait pas satisfaisante. Enfin, les quatre délégués sont partis... Les Monégasques attendent. Ce n'est plus qu'une affaire d'heures.

Quelques dépêches contradictoires trompent leur impatience. D'abord, tout va bien, puis tout va mal. Des cercles bien informés déclarent que la Constitution est parfaite. Puis d'autres cercles mieux informés affirment qu'elle ne vaut rien. Les entretiens entre jurisconsultes et délégués se répètent et se prolongent, ce qui semble indiquer qu'il y aurait du « tirage ». Puis on apprend que deux délégués reviennent seuls, les deux autres restant à Paris pour un supplément d'information que leurs collègues ont sans doute jugé inutile. Qu'est-ce à dire ? Et que va-t-il advenir de ce fameux texte tant attendu ?

On va le savoir. Le 6, sa transmission, par voie postale ou télégraphique, est terminée, car le 7, à huit heures du matin, le Tribunal Supérieur de Monaco, siégeant en audience extraordinaire, se réunit au Palais de Justice pour en écouter la lecture et l'homologuer. Au même moment, par des éditions spéciales, les journaux de Nice en répandent le texte dans le public, avec d'énormes titres en manchette. Je fais comme tout le monde : j'achète mon numéro. Je vais donc savoir à quoi m'en tenir.

Une minute me suffit. D'un coup d'œil rapide, je parcours les colonnes serrées où le document officiel s'étale dans toute son ampleur. Et, tout de suite, mon regard s'accroche et s'arrête au passage essentiel, aux trois lignes qui fixent le point capital, unique but et mobile unique de toute cette campagne : le mécanisme budgétaire, la question d'argent.

Ces trois lignes sont le début de l'article IV du Titre Premier. Les voici, dans l'anodine simplicité de leur concision :

« Le Prince pourvoit aux besoins de la Principauté à l'aide des recettes, revenus et produits du domaine privé ou public, réel ou incorporel. »

Tout est là, ou plutôt tout était là. De la rédaction de ce paragraphe dépendait l'opinion des politiciens monégasques sur la Constitution attendue, et par conséquent l'accueil qu'ils lui feraient. Que ces trois lignes fussent rédigées d'une façon, tout était bien. Qu'elles soient rédigées d'autre sorte, tout est mal. Pour que tout fût bien, voici ce qu'elles auraient dû dire :

« Tous les revenus de la Principauté, quelle qu'en soit l'origine, sont centralisées par le Conseil National, qui en fait la répartition à son gré entre les divers services publics, au nombre desquels il veut bien, jusqu'à nouvel ordre, compter la maison du Prince. »

Si l'article IV du Titre Premier avait eu le bon esprit de débuter ainsi, tout était beau, parfait, irréprochable. Le reste du texte aurait pu être ce qu'il aurait voulu. Tout était accepté d'avance. Le peuple monégasque, par des télégrammes enthousiastes expédiés de Paris dès la première et d'ailleurs, en ce cas, unique lecture, eût été informé que tout était pour le mieux dans le plus heureux des paradis terrestres, et qu'il n'avait plus qu'à préparer ses drapeaux, ses banderoles et ses lampions.

Malheureusement, les jurisconsultes français n'avaient pas cru devoir répondre à la confiance de leur Gouvernement et du Prince en promulguant ce nouveau principe de droit : que les revenus d'un domaine appartiennent à tout le monde excepté au propriétaire de ce domaine. Et, ayant constaté et contrôlé, avec toutes pièces et tous documents authentiques à l'appui, que le domaine constitué par la principauté de Monaco était originairement la propriété personnelle et privée des princes de Monaco, au même titre qu'un champ est la propriété du particulier qui l'a acheté de ses deniers ou reçu par voie d'héritage, ils ont eu l'élémentaire loyauté de le dire et de faire de cette déclaration la base du règlement financier qu'ils avaient à déterminer.

Et le pis, au gré des appétits que décevait si cruellement leur franchise, c'est que, les motifs et raisons qui avaient établi leur conviction, ils avaient éprouvé le besoin de les formuler tout au long dans une sorte de Préface placée par eux, sous le nom de Rapport, en tête du document rédigé par leurs soins. Si bien qu'aujourd'hui, non pas seulement à Monaco, mais partout où il y a un homme sachant lire, la vérité sur les rapports entre le Prince de Monaco et son peuple est établie, précisée et reconnue, que toute ambiguïté est désormais impossible, et qu'à moins de prétendre que, par unique exception en leur faveur, deux et deux aient renoncé à faire quatre, les meneurs du mouvement monégasque sont tenus de s'incliner devant la démonstration irréfutable qu'ils ont eux-mêmes provoquée

Il faut lire, dans son intégralité, cet exposé d'une netteté si lumineuse, où les situations respectives des Princes de Monaco et de leur peuple sont définies et consacrées par le souverain témoignage de l'Histoire. C'est pourquoi, dans cette libre étude où je n'ai prétendu fixer que les impressions personnelles d'un observateur sincère, je crois devoir reproduire ici, non pas seulement le texte de la Constitution elle-même, mais encore celui des explications et réflexions complémentaires dont les auteurs de ce texte ont cru devoir l'encadrer.

Je n'ai, pour cela, qu'à publier, dans leur ordre, les documents parus, le 7 janvier, dans les journaux de Nice.

Ces documents sont les suivants :

I° Message de Son Altesse Sérénissime le Prince Albert Ier à la population monégasque.

II° Rapport sur l'organisation constitutionnelle de la Principauté de Monaco, présenté à son Altesse Sérénissime le Prince de Monaco par la Commission des jurisconsultes français.

III° Loi Constitutionnelle portant organisation de la Principauté de Monaco.

IV° Lettre des jurisconsultes français à S. A. S. le Prince de Monaco.

Les voici :

Message de Son Altesse Sérénissime le Prince Albert Ier à la Population Monégasque.

Après avoir, pendant vingt et un ans, gouverné mon pays suivant une tradition de plusieurs siècles, j'ai résolu de donner à la population monégasque un Gouvernement constitutionnel.

Ce n'est pas que des avantages sensibles puissent être demandés par nous à ce régime, car on ne saurait trouver nulle part une prospérité semblable à la nôtre ; mais j'ai voulu donner une preuve de confiance aux Monégasques et les préparer à la défense de leurs intérêts si jamais des conjonctures graves survenaient pour la Principauté.

C'est pourquoi, considérant la difficulté d'établir un organe de Gouvernement tel qu'une Constitution pour un pays si différent de ceux qui pratiquent le régime constitutionnel, j'ai recouru à la science et à l'expérience de jurisconsultes de la République Française, dont les sentences arbitrales sont acceptées par tous les Etats civilisés.

Je souhaite que la population monégasque reconnaisse dans

cette résolution une preuve spéciale de mon attachement pour elle, ainsi que ma volonté de soutenir les intérêts confiés par les colonies étrangères à la sagesse de nos institutions. Je désire qu'elle voie dans cette forme nouvelle de son union étroite avec son Souverain un gage de sécurité pour le maintien de son indépendance et de sa situation privilégiée dans le monde.

Le 5 janvier 1911.

ALBERT.

Rapport sur l'Organisation Constitutionnelle de la Principauté de Monaco présenté à Son Altesse Sérénissime le Prince de Monaco par la Commission des Jurisconsultes français.

Monseigneur,

Votre Altesse Sérénissime nous a confié la mission de préparer le projet d'organisation constitutionnelle qu'Elle a bien voulu spontanément promettre d'octroyer à ses sujets.

Avant de rechercher comment cette œuvre peut être établie, il est nécessaire de préciser les faits matériels qui caractérisent la situation de la Principauté et celle du Prince lui-même.

On ne saurait oublier qu'il ne s'agit pas d'un pays semblable à la France, à l'Italie, à la Prusse, à toute autre unité nationale importante composée d'une population homogène de plusieurs millions d'autochtones, concentrant dans leurs mains tous les intérêts du pays, justifiant ainsi le complexe outillage politique des Constitutions ordinaires.

Il en est tout autrement de la Principauté de Monaco, ainsi qu'on va le voir par un rapide examen.

Cette Principauté est complètement enclavée dans le territoire français, sauf sur sa frontière méridionale qui est ouverte vers la mer.

La population (s'élevant aujourd'hui à près de 20.000 habitants, alors qu'elle n'en comptait que 1.200 en 1861), a été officiellement recensée en 1908 au nombre total de 19 121 habitants, se répartissant comme il suit :

Italiens	8.241
Français	7.306
Allemands	516
Suisses	391
Anglais	385
Belges	219
Autrichiens	210
Autres étrangers	371
Total des étrangers	17 639
Monégasques	1.482

Il ressort de ces chiffres que les Monégasques représentent « un douzième » de la population de la Principauté.

Mais parmi les 1.482 Monégasques, 847 — plus de la moitié — sont « naturalisés ». Ces 847 se composent de 676 d'origine italienne, 85 d'origine française et les 86 autres d'origines diverses.

Il reste donc « 635 Monégasques d'origine ».

V. A. S. ayant concédé le suffrage universel, il y a quelque temps, aux Monégasques, on a pu aux dernières élections compter 448 électeurs votants, dont « 353 naturalisés ».

Ces derniers se décomposent ainsi : 200 d'origine italienne, 40 d'origine française et 33 d'origines diverses.

Il reste donc seulement « 95 électeurs » votants, « Monégasques » d'origine.

Tel est l'état de la population.

Quel est l'état de la propriété territoriale et des intérêts économiques ou commerciaux ?

La superficie de la Principauté n'atteint pas tout à fait 150 hectares, sur lesquels 50 hectares environ sont couverts de 1.300 maisons, constituant la propriété *bâtie privée*.

Reste pour la surface *non bâtie* une superficie d'environ cent hectares.

La valeur approximative de la propriété *bâtie* est estimée à 177 millions environ — le *domaine princier non compris*.

La valeur approximative de la propriété *non bâtie — domaine princier non compris* — s'élève environ à cinquante millions.

L'ensemble de cette propriété foncière *bâtie* et *non bâtie* appartenant à des particuliers — c'est-à-dire le domaine princier étant exclu — évalué à une superficie totale de près de *90 hectares* — 899.817 mètres carrés — d'une valeur totale de 227 *millions* de francs, peut se considérer, d'après les renseignements officiels, comme se répartissant ainsi qu'il suit :

NATIONALITÉS —	Nombre des Propriétaires	Surface possédée bâtie et non bâtie En mètres carrés	VALEUR — En Francs
Français. . . .	620	430.000	115.000.000
Italiens	265	80.000	15.000.000
Autres étrangers et sociétés. .	115	219.817	67.000.000
Ensemble .	1.000	729.817	197.000.000
Monégasques. .	300	170.000	30.000.000
Total. . .	1.300	899.817	227.000.000

Au point de vue de la propriété mobilière (considérée sous une seule de ses formes), les Sociétés anonymes régulièrement autorisées à fonctionner dans la Principauté représentaient en actions et obligations, au 1er janvier 1909, une valeur totale de 397 millions.

Sur cette somme, la part des porteurs français, d'après un tableau récapitulatif officiel, était considérée comme s'élevant *au minimum*, à 370 millions.

Les 10.000 étrangers : Italiens, Allemands, Anglais, Suisses, etc. et les 1.482 Monégasques naturalisés et d'origine se partageaient les 27 autres millions. En attribuant aux Monégasques le tiers de ces 27 millions (et en forçant ainsi le calcul en leur faveur), on peut évaluer leur part à 9 ou 10 millions au maximum sur le total des 397 millions.

Tels sont les faits caractéristiques en présence desquels il faut se placer pour apprécier dans quelles conditions il est moralement et même matériellement possible d'établir une organisation constitutionnelle de la Principauté.

Une première observation s'impose : c'est qu'on ne saurait admettre un seul instant l'organisation ordinaire des pouvoirs publics comme applicable dans un pays où la population, la propriété, les intérêts économiques sont répartis ainsi qu'ils le sont dans la Principauté de Monaco.

D'une part, la nature des choses ne permet pas de concevoir sérieusement une Chambre des députés, un Sénat, des ministres responsables, tout l'appareil d'un pouvoir exécutif et d'un pouvoir législatif pour un corps électoral de 448 votants.

D'autre part, il serait singulièrement irrationnel que près de 18.000 habitants ne comptassent pour rien devant 1.482 autres habitants, douze fois moins nombreux que les premiers.

Cette impossibilité s'accuse avec plus de force si l'on réfléchit à la différence plus considérable encore qui existe entre les intérêts économiques des 18.000 étrangers et ceux des 1.482 Monégasques, puisque ceux-ci possèdent à peine le 7 ou le 8 °/₀ de l'ensemble des biens et des intérêts économiques de la Principauté.

Si l'on croyait pouvoir trouver une solution en donnant à la population étrangère des droits justement équivalents à son importance numérique et aux intérêts qu'elle représente, on aboutirait à des difficultés insurmontables.

D'abord on livrerait absolument la population monégasque aux résidents étrangers, ce qui n'est pas moins inadmissible que de livrer aux Monégasques les résidents étrangers, élément essentiel de la vie économique du pays. Ensuite, on bouleverserait complètement l'état de choses accepté par la France en 1861, lorsqu'elle reconnut « l'indépendance et la souveraineté » du Prince de Monaco. La Principauté, si profondément incorporée dans la chair française, que le gouvernement français a pu et voulu laisser sous l'entière responsabilité du Prince seul ; cette Principauté qui, tant au point de vue du droit public international qu'en réalité, était le Prince lui-même, deviendrait alors un pays gouverné en définitive non pas même par la population autochtone descendant de celle qui l'habitait au moment du traité de 1861, mais bien par une population étrangère où les Français, quelque nombreux qu'ils soient, se trouveraient cependant en sensible minorité.

Les conclusions suivantes apparaissent donc comme évidentes :

« Impossibilité », même matérielle, d'établir dans un pays qui compte quelques centaines d'électeurs tous les organes et le fonctionnement du parlementarisme classique ;

« Impossibilité » morale de mettre le sort d'une majorité d'habitants considérable à la merci d'une minorité ;

« Impossibilité » de mettre la population autochtone à la merci de la population étrangère ;

« Impossibilité », au point de vue international, de diminuer les garanties qu'offrait la Principauté en 1861 et en présence desquelles fut conclu le traité du 2 février.

Il est indispensable ici de rappeler quelques faits essentiels.

Au point de vue du droit public et des relations internationales, les éléments caractéristiques particuliers de la situation de la Principauté sont nettement déterminés, d'une façon constante, par tous les événements et les traités qui se sont succédé depuis la conquête de Monaco par François Grimaldi, dans la nuit du 8 juin 1297. A partir de ce moment, les « Seigneurs » de Monaco (dont le titre est remplacé dans les actes par celui de « Prince » pour la première fois en 1619), apparaissent comme investis à la fois de tous les droits de la propriété privée et de tous les droits régaliens, ne cessant à travers les vicissitudes les plus diverses, tantôt par les armes, tantôt par les traités et conventions, tantôt par acquisitions à prix d'argent, d'étendre leur domaine et de fortifier leur pouvoir.

C'est ainsi, par exemple, qu'on voit Rabella Grimaldi, le 9 juillet 1338, acheter pour le compte de Charles Grimaldi, à Nicolas Spinola, les maisons et biens ruraux sis à Monaco et aux environs, acquis des Guelfes par le roi Charles II d'Anjou et donnés par lui aux Spinola, en les déchargeant des redevances féodales ; faire le 12 mai 1341, une nouvelle acquisition de biens non compris dans la première vente, appartenant également aux Spinola, parmi lesquels notamment des territoires importants situés à l'occident de la forteresse et comprenant le cap d'Ail ; acheter encore, le 19 avril 1346, par acte passé devant Bertrand Sylvestre, notaire à Nice, la Seigneurie de Menton, moyennant « 16.000 florins d'or fin de Florence de bon et juste poids » (« sexdecim millium florenorum auri fini de Florencia, boni et justi ponderis »), payés aux frères Manuel Raffo Vento, coseigneurs de ce fief.

En 1355, nouvelle acquisition par le Prince de Monaco, devenant aussi propriétaire de la Seigneurie de Roquebrune, reçue des mains de Guillaume-Pierre Lascaris, des comtes de Vintimille.

Les droits d' « entière souveraineté » des Grimaldi et de liberté absolue dans l'usage de cette propriété souveraine de Monaco comme étant leurs plein patrimoine et biens de famille se manifestent de la façon la plus précise dans les actes intérieurs et dans les actes internationaux.

Au point de vue intérieur, l'entière indépendance et la pleine possession du patrimoine familial sont accusées notamment par la réglementation scrupuleuse du droit successoral que font les Grimaldi et sont marquées avec une force particulière dans les testaments de Jean Ier (5 avril 1454), de Catalan (4 janvier 1457), de Lambert (30 octobre 1487 et 14 mai 1493) et de Claudine Grimaldi (23 mai 1514). Ces actes assurent la transmission exclusive et intacte de la Seigneurie de Monaco par le système des substitutions à l'infini, en faveur de tous les descendants mâles. Une clause impérative oblige les héritiers issus d'une femme à renoncer à leurs noms et armes propres pour prendre ceux des Grimaldi.

Au point de vue extérieur, conjointement à ces dispositions testamentaires, les efforts politiques des Princes jusqu'au XVIIe siècle, où ils aboutissent définitivement, assurent l'indépendance et la souveraineté de leur Seigneurie par rapport aux Puissances voisines. Cette situation est formellement consacrée par Charles, duc de Savoie, dès le 20 mars 1489, dans ses « lettres de sauvegarde », déclarant que les Seigneurs de Monaco « ne reconnaissent aucun suzerain » ; par Charles-Quint, dans le traité de Tordesillas (15 novembre 1524) ; par Louis XIII dans le traité de Péronne (14 septembre 1641), véritable traité de protectorat, reconnaissant les pleines « liberté et souveraineté » des Princes de Monaco, s'engageant à les maintenir et confirmant d'autre part, « tous les privilèges successivement accordés aux « Seigneurs de Monaco ».

Il faut citer ces textes importants qui ont caractérisé d'une manière saisissante les droits des Princes et les obligations qui découlent pour eux de ces droits, dans leurs rapports avec les pays étrangers.

TRAITÉ DE PÉRONNE

Art. VIII. — Le Roy recevra en sa royale « protection et sauvegarde perpétuelle », et des Roys ses successeurs, lesquels Sa Majesté obligera par le présent traité, ledit Prince de Monaco, le marquis son fils, toute sa maison et tous ses sujets et les places de Monaco, Mato et Roquebrune avec leurs territoires, juridictions et dépendances ; ensemble tous les héritiers et successeurs dudit prince et les « gardera » et « défendra » toujours contre qui que ce soit qui les voudrait indûment offenser, maintiendra « ledit Prince en la même liberté et souveraineté » qu'il le trouvera, et en « tous les » privilèges et droits de mer et de terre, et en toute autre juridiction et appartenances, de quelque sorte que ce soit, et le fera de plus comprendre en tous les traités de paix ; et, en outre, ledit prince pourra faire arborer en toutes ses Places et Terres l'Etendard de France dans les occasions de quelque trouble des Ennemis.

. . . .

Art. XII. — Sa Majesté « confirmera au dit Prince tous les privilèges anciennement accordés aux Seigneurs de Monaco, ses prédécesseurs, par la couronne de France » ; et, en conséquence, de ce, Sa dite Majesté tiendra la main à ce que le droit que ledit Prince prétend dans son port de Monaco soit payé, bien entendu, que ledit droit ait été accordé par la couronne de France « pour être exigé sur les Français », et qu'elle en ait souffert la perception pendant le temps que ledit Prince était bien avec elle.

Le Prince de Monaco exerçait ainsi le pouvoir politique et souverain intégral en même temps qu'il jouissait de la libre disposition la plus complète de ses biens et de ses droits de toute nature. Alors que le domaine royal partout en Europe, particulièrement en France, était astreint à des règles absolues, tant au point de vue de sa disposition que de son administration, le domaine seigneurial, immobilier et mobilier, réel et incorporel, des Princes de Monaco, n'était soumis à aucune restriction et restait entre leurs mains aussi libre que toute autre propriété particulière.

Depuis l'avènement de Robert 1er à la Couronne de France en 988, et en vertu de la longue série d'ordonnances royales qui se suivirent, depuis l'ordonnance de Philippe V (le 21 décembre 1316), en passant par celle rendue à Moulins en février 1566, et jusqu'en 1789, le domaine de la Couronne fut toujours frappé d' « inaliénabilité », sauf toutefois le « domaine casuel ». Mais, il en fut toujours autrement du domaine des Princes de Monaco, qui usèrent de leurs biens et de leurs droits, en maintes circonstances, avec la même liberté que l'eussent fait de simples particuliers.

Cette situation, cette pleine jouissance de souveraineté régalienne et de liberté individuelle apparaît donc invariable, avec toutes ses conséquences, à quelque époque qu'on examine l'histoire de la Principauté, sous le protectorat de la République de Gênes, comme sous le protectorat des ducs de Savoie, des empereurs d'Allemagne, des souverains espagnols, du roi de France, des rois de Sardaigne et de Piémont, et lorsque des événements extérieurs la troublèrent, pendant quelque temps, elle fut toujours rétablie après ces crises passagères.

C'est ainsi que, après la mainmise de la Révolution française en 1792, le traité de Paris du 30 mai 1814 replaça la Principauté de Monaco « dans la même situation qu'auparavant », sous le protectorat de la France, et que le traité de Vienne, le 20 novembre 1815, stipula, dans la section quatrième de l'article premier, le même principe, mais sous le protectorat du roi de Sardaigne — protectorat qui fit l'objet du traité de Stupiniggi, signé le 8 novembre 1817.

Ce dernier traité, notamment dans les articles 6, 10, 14, proclame à nouveau, comme l'avait fait le traité de Péronne en 1641, la « liberté et la souveraineté » entières du Prince de Monaco dans le gouvernement de « Son peuple », comme dans l'administration de « Ses biens », garantissant ces droits en les déclarant placés sous « la protection et sous la sauvegarde perpétuelles » du roi de Sardaigne.

Tel était l'état des choses lorsque, après la guerre de 1859, par le traité de Turin, du 24 mars 1860, la Sardaigne céda la Savoie et le comté de Nice à la France.

Un plébiscite devant sanctionner cette cession, le gouverneur italien de Nice appela au vote les communes de Roquebrune et de Menton en même temps que les communes du comté, et les électeurs se prononcèrent en faveur de l'annexion.

Aussitôt, par lettres des 10 et 11 avril 1860, le Prince de Monaco, Charles III, protesta auprès de l'empereur Napoléon III. Il soutint que lui seul possédait le droit de céder une partie intégrante de ses Etats, que le vote des habitants de Menton et de Roquebrune, quelque unanime qu'il eût paru, ne pouvait porter aucune atteinte à son droit exclusif.

En revendiquant ainsi son droit *personnel*, le Prince de Monaco ne faisait qu'invoquer le principe du droit public, intégralement conservé dans ses mains, attribuant à lui *seul* le pouvoir d'aliéner tout ou partie de la propriété et de la souveraineté d'une *nature spéciale* qu'il possédait pleinement, et en vertu de laquelle ce n'était ni le consentement d'une assemblée, ni celui de « tout le peuple » qui pouvait valoir, mais seulement le sien.

Le Gouvernement Français, quoique fondé lui-même sur le principe plébiscitaire, le reconnut.

Des négociations s'ouvrirent et le 2 février 1861, par traité régulier, le Prince de Monaco, Charles III, céda à la France Menton et Roquebrune, moyennant une indemnité *personnelle* de quatre millions, qui fut versée entre ses seules mains par le Gouvernement Français.

Celui-ci, en admettant le bien fondé des réclamations du Prince, avait ainsi constaté qu'il se trouvait en présence d'un *droit* auquel il n'aurait pu porter atteinte que par un abus de la force.

Mais alors une question se présenta.

Le roi de Sardaigne, en cédant le comté de Nice, en appelant lui-même, par son gouverneur de Nice, Menton et Roquebrune à voter, avait abandonné le protectorat de Monaco.

Le Prince, désormais réduit à son seul patrimoine de Monaco, se trouvait aussi étroitement enclavé qu'auparavant, mais en France.

Allait-il demander, comme son ancêtre à Louis XIII, le protectorat de la France? Celle-ci allait-elle offrir elle-même son protectorat au Prince.

Ni l'un ni l'autre ne crurent devoir suivre cette politique.

Le Prince savait que son indépendance et ses droits n'avaient plus rien à redouter, comme parfois jadis, de ses anciens voisins et seraient toujours respectés par la France.

Le Gouvernement Français, comprenant assurément la nécessité pour ses propres intérêts de voir régner l'ordre public dans la Principauté, mais comprenant aussi quelles garanties particulières lui présentait, notamment à ce point de vue, la pleine autorité du Prince, jugea préférable pour la France de laisser ce dernier dans l'exercice intégral de ses pouvoirs et de ses droits héréditaires, consacrés par tant de traités.

C'est pourquoi, au Corps législatif, le rapporteur du projet de loi qui accordait le crédit stipulé dans le traité du 2 février 1861, après avoir exposé les faits, notamment le vote de Menton et de Roquebrune, s'exprimait ainsi :

Ce fait, tout flatteur qu'il fût pour la France, « ne pouvait être accepté par elle comme régulièrement accompli ». Il y manquait la sanction d'une des parties, et le Cabinet des Tuileries... « devait » et voulait « respecter des droits » établis par les traités.

« L'Empereur a voulu que cet acte fût « légal, régulier », incontestable...

« C'est une nation de 40 millions d'âmes, traitant d'égale à égale avec une principauté de 1.200 habitants ; c'est un puissant souverain « respectant le droit d'un souverain » dans la « personne » du plus faible d'entre eux. »

C'est pourquoi encore, en 1891, le ministre des Affaires étrangères de la République Française disait à la tribune : « La Principauté de Monaco est « absolument indépendante » ; son indépendance a été reconnue et « ce n'est pas la France qui a intérêt à la laisser mettre en doute ».

C'est ainsi pourquoi on aperçoit clairement maintenant comment nulle organisation constitutionnelle ne pourrait diminuer « la liberté et la souveraineté » des Princes de Monaco sans altérer « ipso facto », presque jusqu'à la faire disparaître, la personnalité même avec laquelle les gouvernements étrangers ont contracté, et sans compromettre par conséquent de la façon la plus grave, l'indépendance et les intérêts de la Principauté et des Monégasques eux-mêmes.

A quelque point de vue qu'on se place, il est ainsi de toute évidence que l'organisation constitutionnelle à établir ne saurait reproduire les constitutions ordinaires des autres pays, mais ne peut qu'être adaptée exclusivement aux conditions toutes spéciales où se trouve la Principauté.

Le seul terrain sur lequel il soit possible de trouver les institutions nouvelles donnant satisfaction à tous les intérêts légitimes en présence, n'en blessant aucun, ni dans la Principauté ni dans son voisinage, et laissant subsister les droits nécessaires pour l'observation des traités, c'est donc, d'une part, celui des droits et des libertés qui doivent appartenir aujourd'hui à tous les citoyens d'un pays civilisé, d'autre part, celui des intérêts locaux.

C'est en s'inspirant de ces principes, en se conformant aux exigences des réalités locales dominantes, qu'on peut établir aujourd'hui l'organisation constitutionnelle dont nous avons l'honneur de remettre le projet à V. A. S.

Le **Projet de constitution** est divisé en sept Titres, ainsi déterminés :

Titre Ier : *Le Prince, le Territoire, le Domaine.*
Titre II : *Les Droits publics.*
Titre III : *Le Gouvernement.*
Titre IV : *Le Conseil d'Etat.*
Titre V : *Le Pouvoir législatif.*
Titre VI : *Les Communes.*
Titre VII : *La Justice.*

TITRE PREMIER

Dans ce titre, la simple lecture des articles 1er et 2 est suffisante ; les dispositions concernant l'article 3, relatif au Domaine public, sont les seules qui appellent quelque explication.

Celles que nous avons déjà données sur les origines des possessions et des droits du Prince ont établi suffisamment le caractère patrimonial de ses biens de toutes natures. Il convient cependant de les compléter ici.

Dans les conditions où ils se trouvaient, les Princes furent toujours libres d'aliéner en tout ou en partie le domaine dont ils étaient les maîtres absolus par droit de conquête, de succession, d'acquisition, ou par force de traités. Le testament d'Isabelle Grimaldi, du 8 juillet 1417, reconnaît la possibilité pour ses hoirs de vendre ou échanger entre eux la terre de la Condamine. Dans la suite, les Grimaldi furent amenés à vendre ou à projeter de vendre à un étranger leur seigneurie patrimoniale.

Jean Grimaldi céda Monaco à Philippe-Marie Visconti, duc de Milan, le 6 octobre 1428 ; mais le duc ne put conserver cette acquisition et il la rendit à son ancien possesseur en 1436, sous réserve de l'hommage. Cette réserve, qui constituait une violation de la souveraineté du seigneur de Monaco, n'eut pas de suite, un arbitrage ayant remis bientôt les choses dans l'état où elles étaient avant la vente — 1441. Dix ans plus tard, en 1451, le même Jean Grimaldi vendit encore Monaco au futur Louis XI, dauphin du Viennois, qui essayait alors de s'immiscer dans les affaires d'Italie, mais la place ne fut pas livrée.

Le cas de 1861 a été rappelé plus haut. Il faut ici préciser certains détails, montrant que l'indemnité de « quatre millions » payée au Prince n'eut rien d'arbitraire, mais fut calculée pour ainsi dire comme en matière d'expropriation privée. Le rapport présenté au Corps législatif et la discussion du projet de loi fournissent à cet égard les indications les plus précises et d'une portée décisive.

La cession de Menton et de Roquebrune par le prince fut absolument considérée par le Gouvernement français comme une cession de patrimoine personnel. Menton et Roquebrune s'étaient en quelque sorte séparés de fait de la Principauté depuis 1848 ; on raisonna cependant sans tenir compte de cette séparation, en considérant uniquement le droit, et l'on évalua la perte personnelle du Prince.

« ... Si l'on se reporte — dit le rapport du baron Mariani — « au chiffre des revenus que percevait le Prince avant 1848 et

« qui, en déduisant les charges, s'élevait à 190.000 francs, on « arrive à la fixation possible de 4 millions. »

Dans la discussion, le même rapporteur fit un autre calcul. Il chercha ce que produiraient pour la France les deux communes cédées par le Prince. Il évalua ce produit à 45 francs par tête d'habitant, multiplia cette somme par le nombre des annexés — 7.000 — et conclut :

« . . . Vous arrivez ainsi à plus de 300.000 francs (45 × 7.000 « = 315.000). Ce chiffre correspond à un capital plus fort que « celui que nous donnons aujourd'hui. »

On rappela que cette méthode de calcul avait été précisément celle adoptée par la France, choisie comme arbitre entre le Piémont et le Prince de Monaco, à raison des dommages subis par celui-ci depuis 1848 par la séparation de Menton et de Roquebrune. La méthode avait été acceptée par les deux parties ; le compte avait été établi, et le capital correspondant à ce produit annuel de 300.000 francs allait être payé au Prince par le Piémont au moment où éclata la guerre de 1859. Le chiffre de quatre millions, sur lequel le Prince s'était mis d'accord avec la France, était donc notablement inférieur à celui de la convention préparée antérieurement avec la Sardaigne, et, par conséquent, « bien loin d'être exagéré », concluait le rapporteur. Aussi le projet de loi fut-il adopté par 235 voix contre 6.

Le caractère individuel du « Domaine » des Princes de Monaco étant ainsi établi d'une façon constante, certaine, comme étant dans son entier la libre propriété privée du souverain, il devient impossible d'établir de distinction entre ce qui serait à Monaco le Domaine « particulier » du Prince et le Domaine « public » de l'Etat. A la vérité, l'une et l'autre expression se trouvent employées dans le Code Civil de la Principauté — articles 432, 433, 434 pour le Domaine « public » ; articles 435, 436 pour le Domaine du Prince. — Mais dans la réalité des faits, cette distinction se trouve dépourvue de sanction pratique. Qu'il s'agisse des chemins, routes, places, etc. . . , du lit des torrents, dont il est question aux articles 432 et 433, ou des biens vacants, des terrains déclassés, et des remparts, dont parlent les articles 435 et 436, le droit du Prince sur ces domaines est absolu et souverain. C'est le « Jus utendi et abutendi », avec toutes ses conséquences, et, au premier chef, le droit d'aliénation.

Il a paru cependant à V. A. S. qu'en concédant une Constitution, il lui appartenait de faire le départ entre ce qui serait à l'avenir le Domaine « privé » — propriété du Prince — et le Domaine « public » — propriété de l'Etat — et de donner ainsi une portée pratique à la distinction théorique établie par les articles du Code Civil rappelés ci-dessus.

De cette décision de V. A. S. et des principes rappelés, une triple conséquence découle, savoir :

1° Que le Domaine « public » ne peut être constitué que par « prélèvement sur le Domaine privé » ;

2° Que le Domaine « public » est constitué par acte souverain du Prince comportant un don gratuit à ses sujets ;

3° Que l'établissement réel du Domaine public étant une conséquence du nouvel état de choses, c'est dans la Loi Constitutionnelle elle-même que doivent être indiqués les Immeubles donnés par le Prince au Domaine public de la Principauté.

Il y a plus. Si V. A. S. a renoncé aux droits qu'Elle tient de ses ancêtres sur les biens qu'Elle affecte au Domaine public, c'est pour qu'à l'avenir ces biens ne puissent être détournés de leur destination, qu'ils demeurent affectés au service de la collectivité. Il est donc indispensable que ces biens soient, dans la donation que vous en faites, frappés d'*inaliénabilité* et d'*imprescriptibilité*.

Ceci dit, le *critérium* adopté pour le prélèvement à effectuer sur votre domaine privé serait le suivant :

« Feront partie du Domaine public les immeubles affectés à un « service *municipal*, et ceux dont il est question aux articles 432 « et 433 du Code Civil — l'article 434 se trouvant sans application puisque Monaco a cessé d'être une forteresse ».

En conséquence, à la lumière de ce critérium, une ordonnance spéciale, interprétative et explicative de l'article 3 de la loi constitutionnelle, déterminera dans le plus bref délai quels immeubles nominativement désignés seront prélevés sur le domaine privé pour constituer le domaine public, étant entendu dès à présent que devront être maintenus dans le domaine privé les rues et chemins de la Principauté qui sont le prolongement des routes françaises.

Nous n'avons envisagé jusqu'ici que le patrimoine immobilier de V. A. S. Il nous faut nous occuper maintenant des revenus de toute nature de la Principauté. Il est aisé d'apercevoir qu'ils sont, au même titre que le Domaine, la propriété personnelle du Prince. Ce qui s'est passé en 1861 suffit pour le démontrer d'une manière irréfutable. Comme on l'a vu plus haut, le rapporteur du Corps législatif, pour évaluer l'indemnité qui devrait être payée au Prince à raison de la cession de Menton et de Roquebrune, s'est reporté à ce que « *percevait le Prince* » avant 1848 par tête d'habitant. Il a donc considéré, et la France comme la Sardaigne, d'une part, et la Principauté de l'autre ont considéré avec lui que tous les revenus, de quelque nature qu'ils fussent, que percevait le Trésor, étaient la propriété du Prince auquel seul incombait l'obligation de faire face aux besoins du pays. Ces droits et ces obligations du Prince de Monaco n'ont pas changé et ne peuvent changer.

Il a été, en effet, démontré plus haut, et il convient de le répéter, que dans l'Etat « sui generis » qu'est Monaco, le système gouvernemental des grands Etats ne saurait s'établir.

La Principauté, on l'a vu, est un Etat unique dans le présent :

1° Par l'exiguïté de son territoire.

2° Par le nombre infime de ses nationaux en égard à celui des étrangers qui y sont fixés.

3° Par la disproportion entre les biens et valeurs appartenant aux Monégasques et ceux appartenant aux étrangers.

4° Par ce fait que, tout en étant pleinement indépendant, le prince est à Monaco personnellement garant envers les pays étrangers avec lesquels il a traité et notamment avec la France, dans laquelle son pays est enclavé, d'un état de choses accepté par celle-ci.

Le Prince de Monaco a la charge de maintenir l'équilibre entre ses sujets autochtones et naturalisés, très faibles numériquement et financièrement, mais justement désireux, parce que monégasques, de participer à l'administration de la cité, et les étrangers, les plus forts par le nombre, par les biens, par les intérêts, et soucieux de leur sauvegarde. Il est l'arbitre entre des droits également respectables. Il est le répondant, le « trustee » en quelque sorte, envers les différents pays dont les nationaux forment l'immense majorité de la population de la Principauté, surtout envers celui de ces pays qui l'entoure presque de tous côtés, du respect des droits de ces nationaux. Tout cela lui crée une situation personnelle unique, dont il ne peut se décharger et qu'il ne peut diminuer. Il ne peut partager sa responsabilité avec personne, ni avec les Monégasques parce que trop peu nombreux, ni avec les étrangers, parce qu'étrangers.

Sans invoquer même les droits historiques du Prince, en considérant uniquement les nécessités du temps présent, ce sont elles qui imposent les règles à suivre, les limites à respecter dans les concessions désirées par V. A. S. elle-même.

Vous avez voulu prélever sur votre domaine privé une très grande partie des immeubles qui le composent afin de constituer le domaine public du pays. Le dessaisissement qui résulte pour vous de cette affectation nouvelle, en renonçant à votre droit d'aliénation, est des plus importants et peut s'évaluer à un nombre considérable de millions.

Il reste à examiner la question de la « liste civile » dont a parlé V. A. S. dans son désir d'établir une distinction entre les dépenses locales et les dépenses d'ordre général et de souveraineté. Ici, il est impossible de ne pas faire remarquer que l'expression de « liste civile » ne peut pas trouver logiquement sa place dans le cas particulier de la Principauté.

En effet, « liste civile » implique un caractère et un fait essentiels : c'est que le souverain, ne pouvant suffire par son propre domaine à toutes les diverses charges de sa maison, est forcé de les faire supporter directement par ses sujets. Cette nécessité est même l'unique origine des « listes civiles », dont la première apparaît en Angleterre, en 1660, votée par le « Parlement Convention » en faveur du roi Charles II, privé de toutes ressources.

Aujourd'hui, dans tous les pays où figure une « liste civile » ou même une simple « dotation » républicaine, les ressources en sont fournies par des impôts que supportent les contribuables. En Angleterre, en Italie, en Prusse, en Belgique, en Espagne, etc., partout où existe une « liste civile », elle est *payée par la population, dont les représentants élus l'ont votée.*

Il en est de même pour les traitements des Présidents de République en France, en Suisse, aux Etats-Unis, etc.

Or, la situation est précisément toute contraire dans la Principauté, où c'est le Prince qui pourvoit aux dépenses publiques par les produits et revenus de son domaine, tandis que les Monégasques sont exempts d'impôt direct comme de service militaire.

La France a déclaré, en 1861, que les électeurs de la Principauté ne pouvaient pas disposer de leur statut national, ce droit appartenant au Prince ; une Constitution saurait donc encore moins les déclarer maîtres de disposer de ressources qu'ils n'ont point fournies et qui ne leur appartiennent pas. Ainsi la pensée de V. A. S. ne peut se réaliser par l'emploi du mot « liste civile » sans en dénaturer absolument la signification juridique et politique ; il serait à la fois un non-sens et un contre-sens. Mais rien n'est plus simple que d'accomplir en réalité Vos intentions. Il suffit de répartir en grandes catégories distinctes les dépenses de la Principauté.

On établirait ainsi, d'une façon rationnelle, en employant les termes exacts du langage financier, la séparation désirée et promise par V. A. S. Voici d'ailleurs quelle pourrait être cette répartition, conforme à la nature des choses :

PREMIÈRE PARTIE

Chapitre Ier. — Dépenses de souveraineté. — Comprenant les charges de la maison princière et de tout ce qui s'y rapporte, les dotations, les pensions, les frais du gouvernement, de la représentation diplomatique, de la sûreté publique, des cultes, de la justice et autres analogues.

DEUXIÈME PARTIE

Chapitre Ier. — Dépenses d'intérêt national. — Comprenant les travaux publics, l'assistance, l'hygiène, l'instruction publique, les beaux-arts, etc.

Chapitre II. — Dépenses communales.

. . . .

La première partie serait analogue à celle du budget de l'Angleterre inscrite sous le titre de « Consolitated Fund Services ».

La deuxième partie correspondrait à celle du même budget, intitulée « Supply Services » et discutée chaque année.

On instituerait ainsi un ordre budgétaire méthodique, naturel, clair, adéquat aux réalités, simplifiant le fonctionnement de tous les services.

Cette conception fait l'objet de l'article 4 du Projet d'organisation constitutionnelle.

TITRE II

Les dispositions du Titre II se passent de commentaires. Elles consacrent les droits essentiels de tout citoyen dans tout pays libre, droits reconnus en Belgique comme en Suisse, en Angleterre comme aux Etats-Unis. Liberté individuelle, liberté de presse. liberté religieuse, droit de propriété, se trouvant non seulement proclamés mais garantis par un recours devant une Cour Suprême.

Au début de la Révolution française, Dupont de Nemours disait à la tribune de l'Assemblée Nationale :

« La « Déclaration des Droits » est le véritable acte constitutionnel : tout le reste n'en est que le commentaire. »

Cette œuvre essentielle est pleinement accomplie par le Titre II du projet, ainsi qu'il apparaît à la lecture des articles.

TITRES III A VII

Dans l'allocution adressée le 16 novembre 1910 aux délégués monégasques, V. A. S. a exprimé son intention d'associer les habitants de la Principauté à la gestion des intérêts nationaux, tout en sauvegardant le respect absolu de l'autorité tutélaire qui est la garantie de l'indépendance et de l'existence même du pays.

Le projet que nous avons élaboré s'inspire de cette double pensée.

L'institution d'un ministre d'Etat, représentant de V.A.S., spécialement chargé des relations extérieures de la Principauté, assisté de trois Conseillers de gouvernement — (titre III) — et d'un Conseil d'Etat — (titre IV) — répond à l'organisation du pouvoir exécutif telle qu'elle existe dans la plupart des monarchies représentatives.

La population monégasque est représentée à la fois dans le Conseil national qui partage avec V. A. l'exercice du pouvoir législatif — (titre V) — et dans les Conseils communaux spécialement chargés des intérêts propres à chaque région de la Principauté — (titre VI).

La distinction des intérêts généraux et des intérêts communaux s'impose, en effet, dans une Principauté où, comme à Monaco, l'élément étranger tient une si grande place. A ces intérêts généraux, le Prince, arbitre suprême et impartial, et le Conseil national, élu par les citoyens monégasques, auront la mission de pourvoir ; c'est ainsi que le Conseil national sera appelé à délibérer notamment sur les travaux publics, sur les services d'instruction publique, d'hygiène, d'assistance et autres intéressant la Principauté tout entière.

Quant aux intérêts locaux communaux, ils seront confiés à trois Conseils correspondant aux trois divisions géographiques de la Principauté et chargés de veiller à des intérêts dont la variété toujours croissante réclame une représentation distincte. Chacune de ces communes nouvelles aura à sa tête un maire et un adjoint élus par le Conseil. Les Conseils communaux auront, pour les services et les besoins particuliers de la commune, la gestion des fonds qui leur seront attribués, chaque année, par le Conseil national sur les crédits mis à sa disposition par la Trésorerie de la Principauté.

L'organisation judiciaire est maintenue telle que l'ont faite des ordonnances récentes, sauf l'institution du Tribunal suprême, qui donnera aux habitants de la Principauté, pour tous leurs droits proclamés par le titre II de la Constitution, la garantie d'un recours judiciaire — (titre VII).

Telles sont, Monseigneur, les dispositions qui nous paraissent de nature à donner satisfaction aux graves intérêts engagés dans la question constitutionnelle de la Principauté de Monaco. Nous les soumettons avec confiance à l'appréciation de Votre Altesse Sérénissime et nous La prions d'agréer l'expression de notre profond respect.

Louis Renault,
Membre de l'Institut,
Professeur de droit international
à la Faculté de Paris,
Membre de la Cour permanente
d'arbitrage de la Haye.

Jules Roche,
Avocat,
Ancien ministre,
Député.

André Weiss,
Professeur de droit international à la Faculté
de Paris,
Membre de l'Institut de droit international.

Loi Constitutionnelle portant organisation de la Principauté de Monaco.

NOUS, ALBERT Ier
PAR LA GRACE DE DIEU,
PRINCE SOUVERAIN DE MONACO

Avons volontairement, et par le libre exercice de notre autorité souveraine, accordé et accordons à nos sujets, tant pour nous que pour nos successeurs, l'organisation constitutionnelle qui suit :

TITRE PREMIER

Le Prince, le Territoire, le Domaine.

Article premier. — La Principauté de Monaco forme un Etat indépendant.

Art. 2. — La liberté et la Souveraineté du Prince sont telles qu'elles ont été reconnues et consacrées de tous temps par les traités internationaux, notamment par les traités conclus entre la France et la Principauté, le 14 septembre 1641, et le 2 février 1861.

Art. 3. — Le domaine public de la Principauté est constitué par prélèvement sur le domaine privé du Prince. Il est inaliénable et imprescriptible.

Font partie du domaine public, les rues, places et chemins de la Principauté, sous la condition qu'ils demeureront toujours affectés à la circulation publique et exception faite des rues et chemins qui sont le prolongement de routes françaises.

En font également partie, en sus des immeubles dont il est parlé aux articles 432 et 433 du Code civil, les terrains et bâtiments qui seront énumérés dans l'ordonnance qui sera rendue par le Prince dans un délai de trois mois en exécution des présentes.

Art. 4. — Le Prince pourvoit aux besoins de la Principauté, à l'aide des recettes, revenus et produits du domaine privé ou public, réel ou incorporel.

Les Dépenses de la Principauté sont divisées en deux parties :

La première partie, intitulée SERVICES CONSOLIDÉS, comprend les « Dépenses de Souveraineté », savoir notamment les charges de la famille princière, de la maison du Prince avec tout ce qui s'y rapporte, les dotations, les pensions, les frais du Gouvernement, de la Représentation diplomatique, de la Sûreté publique, des Cultes, de la Justice et autres analogues.

La deuxième partie, intitulée SERVICES INTÉRIEURS, comprend :

1. Les Dépenses d'intérêt national déterminées à l'article 33 de la présente Constitution ;

2. Les Dépenses communales.

TITRE II

Les Droits publics...

Art. 5. — Les Monégasques sont égaux devant la loi. Il n'y a pas entre eux de privilèges.

Sont Monégasques :

1. Tout individu né dans la Principauté ou à l'étranger, d'un père monégasque.

L'enfant naturel, dont la filiation est établie pendant sa minorité par reconnaissance ou par jugement, suit la nationalité de celui de ses parents à l'égard duquel elle a été d'abord constatée. Si elle résulte, à l'égard du père et de la mère, d'actes ou de jugements concomitants, l'enfant suit la nationalité du père.

2. La femme étrangère qui épouse un sujet monégasque.

3. Tout étranger naturalisé.

La naturalisation est accordée par ordonnance souveraine après enquête sur la moralité et la situation du postulant.

Peuvent être naturalisés :

A) L'étranger qui justifie d'une résidence de dix années dans la Principauté, après qu'il a atteint l'âge de vingt et un ans accomplis.

B) L'étranger qui a obtenu du Prince l'autorisation d'établir son domicile dans la Principauté, conformément à l'article 13 du Code civil, après trois ans de domicile à dater de la promulgation de l'Ordonnance d'autorisation.

Il n'est pas porté atteinte aux droits acquis jusqu'à ce jour.

Art. 6. — La liberté individuelle est garantie. Nul ne peut être poursuivi que dans les cas prévus par la loi et dans la forme qu'elle prescrit.

Hors le cas de flagrant délit, nul ne peut être arrêté qu'en vertu de l'ordonnance motivée du juge, qui doit être signifiée au moment de l'arrestation, ou au plus tard dans les vingt-quatre heures.

Art. 7 — Nulle peine ne peut être établie ni appliquée qu'en vertu de la loi.

Art. 8. — Le domicile est inviolable ; aucune visite domiciliaire ne peut avoir lieu que dans les cas prévus par la loi et dans la forme qu'elle prescrit.

Art. 9. — La propriété est inviolable. Nul ne peut être privé de sa propriété que pour cause d'utilité publique, dans les cas et de la manière établis par la loi et moyennant une juste et préalable indemnité.

Art. 10. — La liberté des cultes, celle de leur exercice public, ainsi que la liberté de manifester ses opinions en toute matière, sont garanties, sauf la répression des délits commis à l'occasion de l'usage de ces libertés.

Art. 11. — Nul ne peut être contraint de concourir d'une manière quelconque aux actes et aux cérémonies d'un culte ni d'en observer les jours de repos.

Art. 12. — Les Monégasques ont le droit de se réunir paisiblement et sans armes, en se conformant aux lois qui peuvent régler l'exercice de ce droit, sans, néanmoins, le soumettre à une autorisation préalable. Cette disposition ne s'applique point aux rassemblements en plein air, qui restent entièrement soumis aux lois de police.

ART. 13. — Chacun a le droit d'adresser aux autorités publiques des pétitions signées par une ou plusieurs personnes.

ART. 14. — Un Tribunal Suprême est institué pour statuer sur les recours ayant pour objet une atteinte aux droits et libertés consacrés par le présent titre.

TITRE III

Le Gouvernement.

ART. 15. — Le Gouvernement de la Principauté est exercé sous la haute autorité du Prince, par un Ministre d'Etat, assisté d'un Conseil.

ART. 16. — Le Ministre d'Etat représente le Prince ; il est spécialement chargé des relations extérieures de la Principauté ; il a la disposition de la force publique ; il dirige les services judiciaires ; il préside, avec voix prépondérante, le Conseil de Gouvernement ; il préside aussi le Conseil d'Etat.

ART. 17. — Le Conseil de Gouvernement comprend, sous la présidence du Ministre d'Etat, trois conseillers, nommés par le Prince, et placés chacun à la tête d'un des trois départements suivants :

1° INTÉRIEUR (Police générale, Sûreté publique, Instruction publique et Beaux-Arts, Cultes, Hôpitaux et Etablissements de bienfaisance, Tutelle administrative des Communes) ;

2° FINANCES (Budget national, Enregistrement, Administration du fonds de réserve, Domaines, Trésorerie, Perceptions diverses, Rapports avec les Sociétés à monopole, Tutelle financière des Communes) ;

3° TRAVAUX PUBLICS ET AFFAIRES DIVERSES (Voirie et Travaux publics, Hygiène et Salubrité publiques, Port).

ART. 18. — Des Chambres ou Comités techniques pourront

être institués par ordonnance du Prince pour seconder les Conseillers de gouvernement dans l'exercice de leurs attributions.

TITRE IV

Le Conseil d'Etat.

Art. 19. — Le Conseil d'Etat comprend le Ministre d'Etat, président ; le Secrétaire d'Etat, les trois Conseillers de Gouvernement, le premier président de la Cour d'Appel et le Procureur général.

Art. 20. — Le Conseil d'Etat est chargé de la préparation des projets de loi et d'ordonnances qui seront soumis à son examen par le Prince ; il examine, prépare chaque année et fait approuver par le Prince le projet de budget des dépenses de la Principauté.

TITRE V

Le Pouvoir législatif.

Art. 21. — Le pouvoir législatif est exercé par le Prince et par un Conseil national.

Art. 22. — Le Conseil national se compose de vingt et un membres élus pour quatre ans, au suffrage universel direct et au scrutin de liste pour toute la Principauté.

Art. 23. — Le bureau du Conseil national comprend un président et un vice-président, choisis chaque année par le Prince parmi les membres du Conseil.

Art. 24. — Le Conseil national arrête son règlement intérieur qui doit être approuvé par le Prince.

Art. 25. — Le Conseil national se réunit, chaque année, en deux sessions ordinaires, en mai et en octobre, sur la convocation du Gouvernement princier.

Chacune de ces sessions aura au plus une durée de quinze jours.

Art. 26. — Le Prince prononce la clôture des sessions. Il peut aussi convoquer le Conseil en sessions extraordinaires.

Art. 27. — Le Prince peut, après avoir pris l'avis du Conseil d'Etat, prononcer la dissolution du Conseil national ; dans ce cas, il sera procédé à la nouvelle élection dans le délai de trois mois.

Art. 28. — Le Prince communique avec le Conseil national, par des messages qui sont lus par le Ministre d'Etat.

Art. 29. — Le Ministre d'Etat et les Conseillers de Gouvernement ont leurs entrées et leurs places réservées au Conseil national. Ils doivent être entendus quand ils le demandent.

Art. 30. — L'initiative et la sanction des lois appartient au Prince. Le Prince leur confère la force obligatoire par une promulgation.

Art. 31. — Le Conseil national a la faculté de demander au Prince de proposer une loi sur un sujet déterminé, mais en indiquant, sous forme d'avant-projet, notamment en matière de travaux, les dispositions qui pourraient y trouver place, et les voies et moyens d'exécution.

Art. 32. — Aucune contribution directe ne peut être établie que sur le vœu du Conseil national.

Art. 33. — Les dépenses soumises aux délibérations du Conseil national concernent :

1° Les travaux publics ;

2° Les services de l'Instruction publique et des Beaux-Arts ;

3° Les services hospitaliers, d'hygiène, de bienfaisance.

Art. 34. — Il sera pourvu à ces dépenses au moyen de crédits prélevés sur les ressources générales de la Trésorerie.

Lorsque les opérations budgétaires auront laissé des reliquats disponibles sur les prévisions, ces reliquats, au lieu de tomber en annulations de crédits, seront versés dans un fonds de réserve, à la formation initiale duquel le Prince contribue par un don de un million de francs.

Art. 35. — Le Conseil national détermine, au cours de la session d'octobre, et pour l'exercice commençant le premier janvier suivant, les sommes qui pourront être laissées à la disposition des Conseils communaux, en vue des services, de travaux et des dépenses d'intérêt local, rentrant dans leurs attributions.

Art. 36. — Dans le cas où le budget des dépenses de la Principauté n'aurait pas été arrêté en temps utile par le Conseil national, il y sera pourvu par ordonnance souveraine, en prenant pour base les chiffres de l'année précédente.

TITRE VI

Les communes.

Art. 37. — Le Territoire de la Principauté est divisé en trois communes, correspondant aux agglomérations de Monaco, de la Condamine et de Monte-Carlo, et ayant chacune à sa tête un corps municipal.

Art. 38. — Le Corps municipal se compose, dans chaque commune, d'un Conseil communal, d'un maire et d'un adjoint.

Art. 39. — Le Conseil communal comprend neuf membres, élus pour trois ans, au suffrage universel direct et au scrutin de liste.

Il n'existe aucune incompatibilité entre le mandat de Conseiller municipal et celui de Conseiller national.

Art. 40. — Le Conseil communal se réunit tous les mois, en session ordinaire. La durée de chaque session ne peut se prolonger au-delà de huit jours.

Art. 41. — Des sessions extraordinaires peuvent, en outre, être tenues sur la réquisition ou avec l'autorisation du Ministre d'Etat, pour des objets déterminés.

Art. 42. — Les Conseils communaux peuvent être dissous par arrêté du Ministre d'Etat, après un avis du Conseil d'Etat.

Art. 43. — En cas de dissolution d'un Conseil communal, une délégation spéciale est chargée par le ministre d'Etat d'en remplir les fonctions jusqu'à l'élection d'un nouveau Conseil. Il est procédé à cette élection dans les trois mois.

Art. 44. — Le Conseil communal est présidé par le maire, ou, à défaut, par l'adjoint ou le conseiller qui le remplace, suivant l'ordre du tableau.

Art. 45. — Le Conseil communal délibère sur les affaires de la commune. Ses délibérations, communiquées au Ministre d'Etat, sont exécutoires dix jours après cette communication, sauf opposition de sa part.

Art. 46. — Le Conseil communal statue de la manière prévue à l'article précédent sur les matières ci-après :

1. Organisation et fonctionnement des services locaux ; règlements de police municipale locale, d'hygiène, de prévoyance sociale locale.

2. Projets de nivellement et d'alignement de la voie publique dans l'étendue de la commune.

3. Projets de construction d'édifices communaux.

4. Budget communal.

Art. 47. — Le budget de la commune est alimenté par le produit des propriétés communales et par les sommes mises, chaque année, par le Conseil national à la disposition de la commune.

Art. 48. — Le maire et l'adjoint sont élus par le Conseil communal, parmi ses membres, au scrutin secret et à la majorité absolue des suffrages. Cette élection doit avoir lieu dans le mois qui suit celle du Conseil communal.

Si, après deux scrutins, aucun candidat n'a obtenu la majorité requise, il est procédé à un scrutin de ballottage entre les deux candidats qui ont réuni le plus de suffrages.

En cas d'égalité, le plus âgé est nommé.

La séance dans laquelle l'élection a lieu est présidée par le plus âgé des membres présents du Conseil communal.

Art. 49. — Le maire est l'agent de l'autorité supérieure pour l'exécution des lois et règlements. Il est l'agent et le représentant de la commune pour la conservation et l'administration de ses propriétés, pour l'exécution des délibérations du Conseil municipal, et pour la direction des services municipaux. Il représente la commune en justice. Il est officier de l'état civil.

En cas d'absence ou d'empêchement, le maire est remplacé par l'adjoint, ou, à son défaut, par un conseiller communal en suivant l'ordre du tableau.

Art. 50. — Jusqu'à concurrence des sommes allouées au Conseil communal, il sera ouvert des crédits au maire en sa dite qualité, à la Trésorerie de la Principauté.

Art. 51. — Le maire seul peut délivrer des mandats payables à la Trésorerie, dans la mesure de ces crédits, soit à son nom, soit au nom de toute autre personne.

Néanmoins, s'il refusait de mandater une dépense régulièrement autorisée et liquide, il y serait pourvu par le Ministre d'Etat dont l'arrêté tiendrait lieu de mandat du maire.

Art. 52. — Les comptes de l'administration financière du maire pour l'année écoulée sont par lui présentés au Conseil communal au début de l'année nouvelle.

Ils devront être soumis à l'approbation du Ministre d'Etat.

Art. 53. — Dans le cas où le maire refuserait ou négligerait de faire un des actes de sa fonction, le Ministre d'Etat peut, après l'en avoir requis, y procéder d'office.

Art. 54. — Le maire et l'adjoint peuvent être suspendus pour deux mois par arrêté du Ministre d'Etat.

Ils peuvent être révoqués par arrêté du Ministre d'Etat, rendu après avis du Conseil d'Etat.

Le maire ou l'adjoint révoqué cessera de faire partie du Conseil communal et ne pourra y être réélu qu'après un délai de trois ans.

Art. 55. — Sont maintenues, en tant qu'elles ne sont pas contraires à la présente Constitution, les dispositions des Ordonnances Souveraines antérieures, notamment de l'Ordonnance sur la Police municipale du 11 juillet 1909, et de l'Ordonnance municipale du 11 juillet 1909, et de l'Ordonnance sur le Conseil communal du 7 mai 1910.

Art. 56. — A moins de disposition nouvelle, les conditions d'électorat et d'éligibilité, la formation des listes, les opérations électorales, tant pour les Conseils communaux que pour le Conseil national, demeurent réglées par les articles 6 à 75 de l'Ordonnance du 7 mai 1910.

Une ordonnance du Prince déterminera les conditions dans lesquelles les femmes seront admises à prendre part à l'élection des Conseils communaux, — sous réserve d'une extension ultérieure de leur capacité qui serait également réglée par Ordonnance.

Pareille réserve est faite relativement à l'établissement de la représentation proportionnelle.

TITRE VII

La Justice.

ART. 57. — Aucune modification n'est apportée à l'organisation judiciaire actuelle de la Principauté, telle qu'elle résulte de l'Ordonnance du 18 mai 1909.

ART. 58. — Le Tribunal Suprême, institué par l'article 14 de la présente Constitution, est composé de cinq membres nommés par le Prince, savoir : un membre présenté par le Conseil d'Etat, un par le Conseil national, deux par la Cour d'Appel, un par le Tribunal Civil de première instance.

Ces présentations sont faites par chacun des corps ci-dessus désignés, à raison de deux pour un siège.

Disposition générale.

Les détails d'application seront réglés par Ordonnances du Prince, rendues conformément aux principes de la présente loi constitutionnelle.

Disposition transitoire.

La présente Constitution entrera en vigueur aussitôt après les élections du Conseil national et des Conseils communaux. Ces élections auront lieu au plus tard au mois d'avril 1911.

Jusqu'à la mise en vigueur de la Constitution, le Conseil communal continuera ses fonctions dans les conditions légales des ordonnances qui l'ont institué.

Donné à Paris, le 5 janvier 1911.

ALBERT.

PAR LE PRINCE :

Le Secrétaire d'Etat,

FR. ROUSSEL.

Lettre des Jurisconsultes Français à S.A.S. le Prince de Monaco.

S. A. S. le Prince Albert vient de recevoir la lettre suivante qui lui a été adressée par MM. Jules Roche, Louis Renault et André Weiss, chargés d'élaborer la Constitution de la Principauté :

Paris, le 5 janvier 1911.

A Son Altesse Sérénissime le Prince de Monaco.

Monseigneur,

Les délégués monégasques Vous ayant demandé de recevoir communication de la Constitution avant sa promulgation et Votre Altesse Sérénissime ayant accueilli favorablement cette demande en exprimant le désir que tous les éclaircissements et toutes les explications utiles leur fussent donnés, nous avons reçu ces délégués hier, de 4 heures et demie à 6 heures et demie, et aujourd'hui, de 9 heures du matin à 1 heure du soir.

Nous leur avons donné communication intégrale de la Constitution et diverses questions nous ont été adressées par eux auxquelles nous avons répondu de la façon la plus complète, répétant même nos explications à plusieurs reprises.

Nous croyons résumer essentiellement ces longs entretiens en disant que les préoccupations des délégués nous ont paru porter principalement sur les points suivants : Conseil du Gouvernement, Conseil National, Conseil d'Etat, communes nouvelles, budget, liste civile, domaine public et privé, vote des femmes.

Nous avons expliqué qu'il est impossible, dans le cas particulier, d'admettre sur ces divers objets des solutions différentes de celles adoptées dans la Constitution et cela pour les motifs expliqués dans notre rapport.

Il ne nous a pas été difficile de démontrer, en outre que, par cette Constitution, Votre Altesse Sérénissime assure à la population de la Principauté des libertés et des garanties dont aucun pays ne jouit en Europe, excepté la Suisse ; nous voudrions être sûrs que l'importance d'une telle réforme ait été appréciée à toute sa valeur.

Les Délégués nous ayant demandé enfin si une suite serait donnée à leurs observations, nous leur avons répondu que notre tâche se bornait à l'œuvre que nous avions accomplie et que nous ne saurions en dépasser les limites.

En conséquence, Monseigneur, nous avons l'honneur de vous remettre le mandat que vous nous aviez confié et nous prions Votre Altesse Sérénissime d'agréer l'hommage de nos profonds respects.

Jules ROCHE, avocat, ancien ministre, député ; Louis RENAULT, membre de l'Institut, professeur de droit international à la Faculté de Paris, membre de la Cour permanente d'arbitrage de La Haye ; André WEISS, professeur de droit international à la Faculté de Paris, membre de l'Institut de droit international.

5

Que penser de cette Constitution ?

En toute impartialité, deux témoins nous le diront. Ces témoins sont les deux grands journaux de la région qui, dès l'origine du mouvement monégasque, en ont suivi les phases avec l'attention la plus soutenue et, on peut l'ajouter, la plus ouvertement sympathique au petit peuple dont certaines aspirations leur paraissaient légitimes.

Voici en quels termes, le lendemain du jour où le texte élaboré par les jurisconsultes français paraissait dans ses colonnes, l'*Eclaireur de Nice* appréciait la lettre et l'esprit de ce document :

« . . . Cette Constitution renferme des réformes très importantes qui peuvent être considérées comme un progrès sensible sur ce qui a existé jusqu'à ce jour dans la Principauté. Les Monégasques reçoivent en grande partie satisfaction sur leur programme. Leur pays qui, depuis plusieurs siècles, était placé sous le régime du pouvoir absolu, va se trouver tout à coup, et cela sans aucun trouble, transformé au point de vue administratif et politique.

« . . . Il se peut que la Constitution ait été, sur certains points de détail, basée sur des données que les Monégasques discuteront. Il se peut même que certaines dispositions ne répondent pas absolument aux idées qui ont fait naître le mouvement d'octobre dernier et dont nous avons fidèlement rendu compte. Mais, en toute sincérité et en toute justice, il faut convenir que, telle qu'elle est, la Constitution est une œuvre de progrès qui consacre des avantages généraux très appréciables pour le peuple monégasque.

« Les Monégasques peuvent sans regret accueillir comme un succès la Charte qui vient de leur être octroyée. Elle réalise dans leurs grandes lignes les réformes qui avaient, au début de leur mouvement, fait l'objet de leurs aspirations.

« Ce serait faire œuvre mauvaise que de créer en ce moment

une nouvelle agitation autour de questions d'intérêt secondaire qui, d'ailleurs, finiront par un arrangement. Nous ne pensons pas qu'il soit dans l'esprit des Monégasques de troubler la Principauté à l'heure actuelle. Ce serait encourir une grave responsabilité pour aboutir en fin de compte à des résultats regrettables pour ce beau pays. »

Malheureusement, comme il arrive trop souvent, la raison n'a pas raison tout de suite. Il faudra du temps pour que certains esprits surchauffés par des diatribes injustes et des objurgations violentes consentent à juger la situation avec le calme et le sang-froid nécessaires. En attendant que cet apaisement se fasse, les fauteurs de troubles pensent avoir beau jeu, et, par une étrange conception de ses devoirs, c'est le Conseil Communal, c'est-à-dire le corps constitué pour représenter l'opinion publique dans ses éléments les plus réfléchis et les plus pondérés, qui donne l'exemple de l'indiscipline et d'une méconnaissance dangereuse de ce principe d'autorité qui est sa propre raison d'être.

Voici, en effet, le texte de la délibération prise par lui le 12 janvier :

« Le Conseil communal, réuni en séance extraordinaire le 12 janvier ;

« Après avoir entendu la relation du voyage des délégués à Paris et le compte rendu de la mission qui leur avait été confiée ;

« Considérant que la loi constitutionnelle était déjà définitivement arrêtée et expédiée à Monaco, le jour même de l'arrivée des délégués à Paris ;

« Proteste, au point de vue de la forme, contre l'atteinte portée à la dignité de la population monégasque en la personne de ses représentants ;

« Laisse à l'appréciation de l'opinion publique la façon dont a été promulguée la loi constitutionnelle, dont le maire lui-même, les membres du Conseil du Gouvernement et du Conseil communal, n'ont connu le texte que par la lecture des journaux étrangers ;

« Regrette que certaines parties du rapport des jurisconsultes, dont la compétence ne peut pas être mise en doute, contiennent des erreurs certaines qui n'ont pu être relevées par les délégués parce qu'aucun document ne leur a été soumis, alors qu'il leur eût été très facile d'en fournir la preuve s'ils avaient été consultés ;

« Considérant, d'autre part, que la Constitution ne paraît pas répondre aux promesses faites solennellement par le Prince, ni s'adapter aux besoins de la Principauté ;

« Décide de nommer une Commission spéciale avec pleins pouvoirs, laquelle sera chargée d'entendre toutes personnes autorisées pour relever avec motifs et documents à l'appui les articles de cette Constitution qui doivent être modifiés pour qu'elle soit applicable à la situation réelle de la Principauté ;

« Charge cette Commission de faire un rapport au Conseil communal pour lui permettre de prendre une décision définitive ;

« Adresse l'expression de toute sa sympathie à la population étrangère de la Principauté et lui donne l'assurance que tous ses efforts tendront à ne pas laisser créer une agitation quelconque préjudiciable aux intérêts de tous les habitants et au bon renom de la Principauté ;

« Engage tous les Monégasques à conserver une attitude calme et digne, telle que le comporte la situation, tout en assurant qu'il n'en persiste pas moins, en tant que corps élu, à continuer l'œuvre d'émancipation que les Monégasques ont entreprise pour le bien et la prospérité du Pays ».

Cette manifestation ouvertement séditieuse appelait une réplique du pouvoir. Cette réplique, le Gouverneur général de la Principauté, M. Jaloustre, avec un sens très exact des nécessités de la situation, la formulait par l'arrêté suivant, affiché sur tous les murs de la Principauté :

« Nous, Gouverneur Général de la Principauté :

« Vu la disposition transitoire, paragraphe 2, de la loi constitutionnelle du 5 janvier 1911 ;

« Vu les articles 95-101-103 et 104 de l'Ordonnance du 7 mai 1910, sur le Conseil communal ;

« Vu la délibération en forme d'ordre du jour et d'adresse à la population, prise par le Conseil communal dans sa réunion extraordinaire du 12 janvier 1911, et affichée le 13 dans la Principauté ;

« Considérant que le Conseil communal a pour mission de

délibérer sur les affaires de la commune et ne constitue ni un corps politique ni un organe de représentation nationale ;

« Considérant que si le Conseil communal est autorisé à exprimer à l'Autorité supérieure, seule compétente pour en apprécier le mérite, des vœux sur les besoins et les intérêts généraux du pays, il ne tient d'aucune disposition légale le droit de critiquer ou d'amender un acte accompli par le Prince dans l'exercice de Sa Souveraineté et d'empêcher ou de retarder, par une mesure ou décision quelconque, l'exécution de cet acte ;

« Considérant, d'autre part, qu'il est interdit au Conseil communal de publier des proclamations ou adresses ;

« Considérant que la délibération ci-dessus visée a été prise par le Conseil communal en dehors de ses attributions et publiée en violation de la loi.

« Arrêtons :

« Article premier. — La délibération du Conseil communal sous forme d'ordre du jour et d'adresse à la population, en date du 12 janvier 1911, est annulée.

« Art. 2. — Le Maire de Monaco est chargé de l'exécution du présent arrêté.

Fait en l'Hôtel du Gouvernement, à Monaco, le quatorze janvier mil neuf cent onze.

« Le Chef de Cabinet de S.A.S. le Prince, faisant fonctions de Gouverneur Général,

« *Signé :* G. Jaloustre. »

Le *Petit Niçois*, qui n'a cessé de prodiguer en tout temps aux Monégasques les marques de sa sympathie, n'a pu lui-même se retenir d'apprécier en ces termes l'acte que leurs représentants venaient de commettre :

« Nos amis du Conseil Communal nous permettront de leur dire qu'ils se sont trompés, non seulement en attaquant l'acte constitutionnel qui, tenant les promesses du prince, assure aux Monégasques une si large part de collaboration dans le gouvernement de leur pays, mais en sortant ouvertement du cadre tracé à tous les Conseils municipaux du monde, à celui de Monaco comme à tous les autres.

« Un gouvernement libre ne peut vivre, fût-ce celui du plus petit Etat de l'univers, qu'à une condition : c'est que la loi soit respectée par tous, et, entre tous, par ceux-là surtout, qui, participant à l'autorité administrative, doivent donner le bon exemple.

« On comprendrait qu'après s'être élevés contre l'autocratie de leur prince, les Monégasques inaugurassent le régime constitutionnel par la violation de lois qui, si elles mettent les divers rouages de la vie publique à l'abri des empiètements du corps municipal, offrent en retour à celui-ci une absolue garantie contre les usurpations des administrateurs.

« La Constitution échappe, d'ailleurs, avec autant plus d'évidence à la censure du Conseil Communal, qu'elle a été promise et octroyée par le Prince, non point en vertu d'un contrat conclu avec ses sujets et débattu avec leurs représentants élus, mais en vertu d'un acte ne dépendant que de sa volonté.

« La matière constitutionnelle excède dans maints pays la compétence des organes législatifs. Il n'y a pas un coin de terre civilisée où elle relève d'un Conseil municipal. A Monaco, elle n'appartient, virtuellement, en l'état actuel des choses, qu'au Prince.

« Que, par la suite, les Monégasques essayent d'obtenir les modifications, les améliorations qu'il leur paraîtra nécessaire d'apporter dans le nouvel organisme gouvernemental qui leur est donné, rien de mieux. Mais, actuellement, ils commettraient une très grave erreur dont on ne manquerait pas de leur demander compte, si, s'obstinant dans une attitude intransigeante, ils perpétuaient dans la Principauté un régime d'agitation. Nous ne saurions, à cet égard, trop leur conseiller une attitude de sagesse et de modération. »

Les agitateurs n'en continuèrent pas moins leurs menées. Convoquée par eux, la population monégasque se réunissait le 22 janvier dans la salle du théâtre du Lycée et y tenait une séance orageuse qui aboutissait au vote de l'ordre du jour suivant :

« Les Monégasques, réunis en assemblée générale aujourd'hui dimanche 22 janvier 1911, dans une salle du Lycée ;

« Après avoir entendu le Compte-Rendu du voyage fait à Paris par les délégués du Conseil Communal ;

« Considérant que les délégués étaient partis au nom des Monégasques qui, dans l'Assemblée Générale du 23 octobre 1910, au Théâtre des Variétés, leur avaient confirmé le mandat de se rendre auprès du Prince et des Jurisconsultes pour travailler en commun à la Constitution ;

« Protestent contre l'atteinte portée à la dignité nationale par la façon dont le Prince a reçu les envoyés des Monégasques ;

« Relèvent l'affront fait à leurs délégués qui, arrivés à Paris à la date fixée par le Souverain, connurent la Constitution en même temps qu'elle était communiquée à la presse et expédiée à Monaco, rendant ainsi leur intervention inutile ;

« Laissant l'opinion publique juge du procédé employé pour faire connaître à la population la nouvelle Charte constitutionnelle, regrettent que la Constitution ne tienne pas compte des promesses faites solennellement aux Monégasques par le Prince, et des vœux de la population.

« Refusent en principe d'accepter la division du pays en trois Communes, comme contraire à ses intérêts généraux, et la création d'un Conseil National sans pouvoir effectif.

« Confirment la décision prise par le Conseil Communal dans la nomination de la Commission chargée de modifier la Constitution de manière à la rendre applicable dans la Principauté afin que celle-ci puisse dans le calme travailler à sa prospérité.

« Affirment plus que jamais leur ferme résolution de lutter toujours pour la conquête de leurs droits et de persévérer jusqu'à complète satisfaction.

« Repoussent avec mépris toutes les provocations d'où qu'elles viennent.

« Adressent, à la veille de l'inauguration de l'Institut Océanographique de Paris, au Président de la République Française, au Gouvernement français et aux représentants du monde savant, l'expression de respectueuse sympathie d'un petit peuple qui réclame ses droits.

« Les laissent juges de l'attitude du Prince à l'égard des Monégasques pour lesquels il ne songe pas à assurer l'avenir du pays.

« Rendent aussi responsables de l'agitation, si préjudiciable à la Principauté, ceux qui pourraient user de leur influence pour la faire cesser, et en particulier le Président du Conseil d'Administration de la Société des Bains de Mer ;

« Certifient à toute la population que jamais les Monégasques n'ont entendu diviser leurs intérêts d'avec ceux des Etrangers et leur adressent à nouveau l'expression de leur fraternelle sympathie.

« Cet ordre du jour a été voté à l'unanimité, moins 3 abstentions. »

J'allais devant moi, tenant à deux mains le numéro du journal où ce document était reproduit, lorsque je heurtai un promeneur qui marchait en sens contraire. Je levai les yeux, et reconnus Saint-Gratien.

— Vous paraissez fort occupé ? me dit-il.

— Je l'avoue. Vous pouvez même dire : Assez en peine...

— De quoi ?

— De m'expliquer le passage que voici dans l'ordre du jour voté hier matin par l'assemblée générale des Monégasques...

Et je lui montrai les lignes suivantes : « Rendent aussi responsables de l'agitation, si préjudiciable à la Principauté, ceux qui pourraient user de leur influence pour la faire cesser, et en particulier le Président du Conseil d'administration de la Société des Bains de Mer. »

Saint-Gratien se mit à rire.

— Qu'est-ce que je vous disais l'autre jour ? fit-il. La voyez-vous, la « question de gros sous » ?

— Comment cela ?

— C'est assez clair, je pense. Vous vous demandez, n'est-ce pas, ce que la Société des Bains de Mer et son Président viennent faire ici, dans un document d'ordre purement politique, où il semble n'y avoir place que pour une discussion de rapports entre gouvernant et gouvernés ?

— C'est bien là, en effet, ce qui m'étonne.

— Votre étonnement tient à une cause : c'est que vous ne connaissez qu'imparfaitement les dessous de la situation. Ces dessous, je prétendais, moi, vous les révéler d'un mot, lorsque je vous disais : « Ce n'est pas une question de principe, c'est une question d'argent ».

« En effet, qu'est-ce que la Société des Bains de Mer ? C'est une caisse ou, pour parler plus exactement, c'est « la caisse », celle où passent toutes les ressources dont les besoins de la Principauté absorbent une partie. Et le Président de la Société des Bains de Mer, c'est l'homme qui tient la clef de cette caisse. Voilà pourquoi hier matin, brusquement, sans crier gare, les meneurs du mouvement politique le mettent en cause dans un débat auquel il semble d'abord totalement étranger.

« Tenez, une comparaison va vous faire comprendre... Il y a un jeu de billard qui consiste à ne jamais tirer directement sur la rouge. Le joueur, avec la bille blanche qu'il pousse, doit toucher uniquement l'autre bille blanche, et c'est seulement celle-ci qui doit aller déranger la rouge. Eh bien, voilà près de trois ans que les joueurs de la partie monégasque tapent sur la blanche, c'est-à-dire sur la politique, pour aller toucher la rouge, c'est-à-dire l'argent. Seulement, comme on n'était pas dupe de leur jeu, on ne s'y est pas laissé prendre. Et c'est pourquoi, un beau matin, dépités et furieux, ils ont changé de tactique. Ah ! vous ne voulez pas comprendre ? Eh bien, voilà pour vous ouvrir l'intelligence !... Et v'lan, cette fois, en plein sur la rouge !...

« La rouge, c'est M. Camille Blanc. Il en a vu d'autres. Il ne s'émeut pas pour si peu. Moi non plus, du reste. Seulement, comme symptôme révélateur d'un état d'âme, c'est amusant.

— Et à part ça, où en sont les choses ?

— Nulle part. On piétine sur place. La mauvaise humeur des politiciens déçus se passe en conciliabules grincheux et en parlottes au vinaigre. On profère des menaces pour l'avenir, même pour un avenir prochain. Un des notables du parti, qui comparaissait en police correctionnelle pour insulte aux agents, vient d'être condamné à six jours de prison. On prétend qu'il refuse de se pourvoir en appel, pour forcer le Gouvernement à exécuter le jugement et provoquer ainsi des troubles. Pour mon compte, je n'en crois rien.

— Et le Prince ?

— Le Prince est à Paris, où il va inaugurer l'Institut Océanographique dont il fait présent à la France. Dans quelques jours il sera à Toulon pour assister au baptême de son yacht « Hirondelle », une merveille d'agencement scientifique, dit-on. Après quoi, il viendra ici.

— A Monaco ?

— Dame, pas à la Turbie, je suppose !

— Malgré l'état des esprits ?...

— Vous ne connaissez pas le Prince. Il a, depuis longtemps, pris à bord de son yacht l'habitude des bourrasques et même des tempêtes. Il viendra ici tranquillement, en vieux marin qui suit sa route, même s'il sait qu'il doit essuyer un grain. Et puis, si vous voulez mon sentiment, il n'essuiera rien du tout !

Ainsi parla Saint-Gratien, qui est un sage. Et il faut reconnaître que les évènements semblent donner raison à son optimisme. Sébastien Labarthe, que j'ai revu le 15 janvier, comme nous en étions convenus, a dû reconnaître que ses prévisions marchaient plus vite que la réalité.

— Ça va plus lentement que je ne croyais, m'a-t-il dit. Cela tient à ce que, dans tous ces sacrés pays du Midi, les caractères ont autant d'indolence que de fougue. Ils mettent une minute à décider ce qu'ils devraient soupeser en un mois et un mois à exécuter ce qu'ils pourraient faire en une minute. La faute au soleil, sans doute...

— Il ne s'est pourtant guère dépensé ces jours-ci...

— Oui, mais il se rattrape neuf mois sur douze. C'est lui, évidemment, qui a façonné les cerveaux monégasques à sa manière. Patientons quelques jours, voulez-vous ?

— Soit.

— Le Prince va rentrer, dit-on ? Attendons la rentrée du Prince.

— Convenu !...

Et Sébastien Labarthe me quitta sur ce mot. Il a beau ergoter, philosopher. Je vois bien qu'il n'est pas content. Quelque chose dérange son plan et contrecarre ses espérances.

Quelque chose ? Quoi ? Simplement la logique qui, après quelques oscillations, reprend son équilibre. L'attitude du Prince est pour beaucoup dans ce résultat. Conscient de ses droits, il entend les exercer dans leur plénitude, avec les seuls tempéraments que lui suggèrent à la fois son instinctive bienveillance et cet idéal de haut libéralisme et d'équité souveraine qui, pour tous les témoins impartiaux, fut constamment l'inspirateur de ses décisions et le régulateur de ses actes.

Comme contraste à la vaine agitation qu'une poignée de factieux impénitents s'obstine à entretenir dans ses Etats, le lendemain même du jour où se tenait la tumultueuse assemblée du Lycée de Monaco, le Prince faisait don à la France du magnifique Institut Océanographique édifié par son ordre à Paris, et recevait à cette occasion les remerciements du Gouvernement de la République Française et les hommages du monde savant qui lui est redevable de tant de découvertes et de tant de bienfaits...

Puis, on apprend que, pour occuper le poste de Ministre d'Etat prévu par la Constitution du 5 janvier, il a choisi un des membres les plus éminents et les plus justement respectés de la magistrature française, M. Emile Flach, ancien substitut du Procureur de la République à Paris, ancien directeur du Personnel au Ministère de la Justice, hier encore Procureur Général à Caen, dont le nom seul est synonyme de haute intelligence, d'impeccable courtoisie et de ferme autant que conciliante autorité.

Enfin, l'arrivée du Prince lui-même, accompagné de son fils, est annoncée pour le vendredi 10 février, à la gare de Monaco, où elle doit avoir lieu avec le cérémonial accoutumé.

C'est l'évènement attendu par Sébastien Labarthe.

Qu'en espère-t-il ?

Pour mieux m'en rendre compte, j'y serai.

Si quelqu'un a pu un instant douter des réelles intentions du Prince et de la calme résolution avec laquelle il n'a cessé de regarder les événements qui viennent de se dérouler dans son pays, cette incertitude doit être dissipée depuis ce matin. Elle ne saurait, en effet, survivre une minute à la lecture du document publié par le *Journal de Monaco*, organe officiel de la Principauté, et reproduit simultanément par les deux grands journaux de la région, l'*Eclaireur* de Nice et le *Petit Niçois*.

C'est la lettre par laquelle le Prince Albert, prié par l'amiral Hautefeuille, Gouverneur Général de la Principauté, de l'autoriser à résigner ses hautes fonctions, lui a fait connaître les sentiments avec lesquels il a agréé sa requête. En voici le texte :

Paris, le 30 janvier 1911.

Mon Cher Gouverneur,

Je vous ai appelé au poste de Gouverneur Général de la Principauté, parce que je comptais sur la paternelle fermeté d'un marin pour apprendre aux sujets monégasques l'amour du travail et le respect des lois, deux qualités nécessaires à tous les peuples pour se faire estimer.

Votre tâche était difficile dans un pays où une fortune trop rapide avait fait oublier à une population trop heureuse les vraies obligations de la vie. Elle fut gênée par les agissements de quelques affairistes sans scrupules, qui établissent leur patrie là où leurs appétits se trouvent plus à l'aise.

Les marins que vous commandiez jadis vous aimaient jusque dans vos sévérités, mais les ambitieux et les vaniteux qui, un moment, aveuglèrent certains Monégasques, ne pouvaient apprécier votre bienveillance. Aussi, je ne m'étonne pas que vous renonciez à poursuivre la mission que je vous avais confiée.

Mais je regrette infiniment, pour la bonne renommée de mon

pays, qu'un amiral français ait subi, dans la Principauté, les effets d'une ingratitude exprimée sans aucune des formes qu'une bonne éducation aurait dû prêter à ceux qui prétendaient traduire la pensée nationale.

Je comprends l'écœurement d'un homme tel que vous, et c'est avec un sentiment très pénible que j'accepte votre démission.

D'ailleurs, les conditions dans lesquelles ce pays va être gouverné sont tout autres que celles qui existaient à votre arrivée. Le Gouvernement avait alors un caractère familial qui disparaît devant la Constitution et la nécessité de faire respecter avec celle-ci et d'une façon rigoureuse, désormais, l'autorité des lois.

Recevez, mon cher gouverneur, l'assurance de mes sentiments affectueux.

ALBERT

Prince de Monaco.

Au moment où j'arrivais sur la place d'Armes, j'aperçus, dominant de toute la hauteur de sa tête la foule qui l'entourait, une silhouette familière. Je n'avais pas besoin de la voir de face pour reconnaître le comte de T..., dont le passage à l'ambassade de Russie, où il a occupé d'importantes fonctions, m'avait jadis fourni l'occasion d'apprécier à la fois l'exquise urbanité et la pénétrante et subtile intelligence.

— Je ne m'attendais guère à vous trouver ici ! fis-je en l'abordant.

— Vous m'auriez surpris moi-même ce matin en me disant que j'y serais, répondit le comte. Mais j'avoue que la lettre du Prince à son ancien Gouverneur a piqué ma curiosité. Etant donné tout ce qu'on a dit, tout ce qu'on dit encore, je me suis demandé comment les Monégasques accueilleraient cette manifestation d'autorité. Car il n'y a pas à dire : ce document en est une. Pour une maîtresse lettre, c'est une maîtresse lettre. Ce qui est aussi peu banal que de l'avoir écrite, c'est d'avoir choisi, pour la publier, le jour même où, après de longs mois d'absence, il rentre en contact direct avec une population qu'on s'est, pendant ce temps-là, appliqué à ameuter contre lui. Ça, c'est très crâne, c'est très bien. D'autant plus que, comme protection de sa personne, comme déploiement de forces policières, ces quelques carabiniers et ces quelques pompiers espacés de dix mètres en dix mètres n'offrent pas une barrière bien résistante aux manifestants qui seraient tentés de la franchir !

Un coup d'œil me suffit pour constater que le comte de T... disait vrai et que les dispositions prises pour protéger la personne du Prince témoignaient surtout d'une grande confiance, d'abord dans le courage de celui-ci, ensuite dans la sincérité réelle des sentiments de mutuelle affection qui, quoi qu'en aient pu dire des adversaires aveuglés par l'esprit de parti, n'ont jamais cessé d'exister entre le Prince et la grande majorité de son peuple.

A ce moment, entre deux casques de pompiers, j'aperçus la figure en lame de couteau de Sébastien Labarthe. Je le saluai d'un léger signe. Il me répondit par un clignement d'yeux. Lui aussi venait voir ce qui se passerait.

A trois heures un quart, après quelques minutes de retard sur l'heure réglementaire, le train qui amenait le Prince entrait en gare. Dix minutes environ s'écoulèrent, pendant lesquelles nous devinions que le Prince devait recevoir les salutations et souhaits de bienvenue de tous les fonctionnaires réunis pour lui présenter leurs hommages. Seule, la lourde voix du canon, tonnant à intervalles égaux, rompait le silence de cette attente. Enfin, des vivats et des applaudissements éclatèrent sur notre droite. Une voiture s'avançait, entre les deux haies compactes des curieux. Elle était occupée par le Prince et son fils, accompagnés de deux personnages officiels. Tout le long du cordon des spectateurs, vivats et bravos, de droite à gauche, se propagèrent. A une allure modérée, la voiture passa devant nous. Le Prince, de la tête et de la main, saluait, très tranquille, très à l'aise. Le défilé continua. La dernière voiture passa, et, derrière elle, la foule, cessant d'être maintenue, se referma, comme un flot paisible qu'une barque vient de traverser. C'était fini.

— Et voilà ! fit le comte de T... La minute historique est vécue. Le prince a repris contact avec ses sujets. Ils semblent d'ailleurs tout disposés à s'entendre.

— Il n'y a qu'à l'en féliciter.

— Qu'à les en féliciter, voulez-vous dire ? Car, à cette entente, les Monégasques ont autant d'intérêt que leur Prince, sinon plus.

— Comment l'entendez-vous ?

Le comte de T... me prit le bras et, par la rue Grimaldi, dont la pente nous acheminait vers La Condamine, il reprit avec moi la route de Monte-Carlo.

— Je veux dire par là, reprit-il, ce que tout le monde sait ou du moins devrait savoir : c'est-à-dire que la sécurité de la Principauté et de toutes les industries qui, en y prospérant, assurent sa fortune, n'ont pas de plus sûr garant que la personne du Prince et les sympathies universelles qu'il a su grouper autour de lui. La plus importante de ces industries, la plus productive aussi, celle, au surplus, qui est la raison d'être de toutes les autres, qu'est-elle en somme, et de quel ensemble de traditions et de conventions ne dépend-elle pas ? Notons d'abord ce point que, pour le Prince actuel, c'est un héritage qu'il ne lui appartenait pas de décliner sous peine de ruiner lui-même le pays dont il avait la garde.

« En accordant l'autorisation qui permettrait à une Société puissante d'attirer sur ce point de la Côte d'Azur une partie des richesses nomades que le désœuvrement du cosmopolitisme mondain y apporte chaque année, le père du Prince Albert n'a fait qu'user le plus normalement du monde d'un droit qui lui appartenait en propre et que, d'ailleurs, personne ne pouvait être tenté de lui contester. La guerre de 1870 avait déplacé le centre des villégiatures élégantes et de la distraction qui en fut toujours l'inséparable complément : le jeu. On jouait jadis à Baden-Baden et à Spa. On jouerait dorénavant à Monaco. Baccarat, roulette ou trente-et-quarante, qu'importait le nom du jeu, pourvu qu'il fût loyal et d'une régularité défiant toute critique ? Et de quel droit, au surplus, le plus exigeant moraliste empêcherait-il, ici ou ailleurs, la frivolité mondaine et mondiale de prélever sur elle-même, sous cette forme ou sous une autre, la dîme d'un superflu qu'elle sème partout où il lui plaît de passer, au gré de son seul caprice ? Et quel mal voyez-vous à ce qu'on canalise à droite ou à gauche une partie de ce gaspillage que personne ne saurait empêcher ?

— Quel mal j'y vois ? Mais aucun. Vous prêchez un converti.

— Aussi, mon sermon passe-t-il par dessus votre tête, pour aller chercher, dans tous les pays du monde, les économistes à courte vue qui méconnaissent cette vérité. Ici, pourtant, la thèse qui nous est familière à tous les deux n'a même pas besoin d'être défendue. Elle triomphe par la seule intervention d'un homme : Celui que nous venons de voir passer dans cette voiture, et qui monte en ce moment vers son palais. Grâce à lui, cette dîme dont nous parlons, prélevée sur le luxe du monde entier, cesse d'être une affaire pour devenir un bienfait. Elle n'entretient pas seulement les routes de la Principauté monégasque ; elle fraie à travers le monde les voies où se poursuit, trop lentement, la marche du progrès.

« Ce progrès, elle y collabore sous toutes les formes possibles. Sous la forme scientifique, par les travaux personnels du Prince Albert, s'imposant la rude existence du marin pour arracher aux profondeurs de l'Océan les secrets qu'elles recèlent, à commencer par celui de la vie ; par ses fondations généreuses jusqu'à la plus noble prodigalité, qui commencent au Musée anthropologique de Monaco pour se continuer par le Musée Océanographique qui est aujourd'hui l'orgueil de la Principauté, puis par l'Institut Océanographique dont la France vient de recevoir le cadeau vraiment princier, et enfin par cet Institut de Paléontologie humaine par lequel doit se compléter le cycle de ses créations scientifiques... Sous la forme sociale ensuite ; car vous n'ignorez pas l'intérêt passionné avec lequel le Prince suit l'évolution de ce grand mouvement mutualiste dont la France a pris si heureusement et si résolument la tête, et aux manifestations duquel il a le ferme propos d'offrir l'hospitalité la plus large, faisant ainsi du plus petit pays de l'Europe l'asile d'élection de la plus grande idée du monde...

« Voilà sous quel jour et dans quelle attitude de véritable bienfaiteur de l'humanité le Prince que nous venons de voir apparaît aux yeux des nations civilisées. Voilà les titres, exceptionnels pour ne pas dire uniques, qu'il a su acquérir à leur reconnaissance et à leur respect. Ces titres sont la meilleure sauvegarde des intérêts dont il est lui-même, aux yeux du monde, le répondant. Car il en est des peuples comme des particuliers. Chacun est maître chez soi, c'est entendu. Il est libre d'y faire ce qu'il veut. Il n'a besoin pour cela de la permission de personne. Mais, qu'il le sache ou non, il a besoin de ce consentement universel sans lequel rien ne dure, et qui est comme l'atmosphère respirable où peuvent seulement vivre les affaires et se mouvoir les intérêts. Je ne sais si tous les actionnaires de la Société des Bains de Mer ont la notion de cette vérité, mais tous les Monégasques devraient en avoir la claire conscience.

— On peut, en tout cas, la leur dire...

— C'est même, je crois, le meilleur service à leur rendre.

Nous étions, en devisant, arrivés au seuil du Cercle International. Comme, sur une dernière poignée de main, le comte de T... venait de me quitter pour y entrer, le bruit d'un pas lent me fit retourner. C'était Sébastien Labarthe qui, mélancoliquement, montait la pente raide aboutissant au terre-plein de la poste centrale.

— Eh bien, lui dis-je, votre conclusion ?

— Partie remise. Les Monégasques n'ont voulu rien faire, pour ne pas effrayer les étrangers. Mais on se retrouvera dans deux mois.

— Sur quel terrain ?

— Sur le terrain des élections que la Constitution prévoit pour cette date.

— Et vous espérez toujours ?

— Plus que jamais.

— Mon cher Labarthe, fis-je, la foi soulève les montagnes. Mais le rocher de Monaco me paraît plus lourd et plus dur que celui de Montmartre... J'ai bien peur que vous n'y attrapiez un tour de reins !...

... Deux mois !... C'est assez pour se faire une sagesse et, comme disent les cerveaux brûlés, « acheter une conduite ». D'ici le mois d'avril, les Monégasques ont le temps de réfléchir. Les hirondelles d'été qu'ils verront revenir leur rappelleront sans doute les hirondelles d'hiver qui font leur fortune...

Ni les unes ni les autres ne reviennent au nid qu'elles sentent menacé.

Bar-le-Duc. — Imprimerie Comte-Jacquet, Facdouel, Dir.

ve)

un rang
i ont un
e le plus

fr
fr

s germa-
19/14cm,
3 fr. 50

elle

UES

Affaires
u, prési-
ompren-
que vol.
7 fr. 50

ses à la
irection
llandais,
raisons
de 500
2 fr.

www.ingramcontent.com/pod-product-compliance
Ingram Content Group UK Ltd.
Pitfield, Milton Keynes, MK11 3LW, UK
UKHW020407230726
13925UKWH00003B/1289